AF136574

J. Försch

Das Passionsspiel zu Oberammergau in Bayern

J. Försch

Das Passionsspiel zu Oberammergau in Bayern

ISBN/EAN: 9783743319967

Hergestellt in Europa, USA, Kanada, Australien, Japan

Cover: Foto ©Thomas Meinert / pixelio.de

Manufactured and distributed by brebook publishing software
(www.brebook.com)

J. Försch

Das Passionsspiel zu Oberammergau in Bayern

OBER AMMERGAU.

Verlag v. Max Rauazza in München

Das

Passionsspiel

zu

Oberammergau in Bayern.

Nach eigener Anschauung und nach der vorhandenen
Literatur als Leitfaden bei den Vorstellungen

beschrieben und herausgegeben

von

J. Försch.

Bamberg.
Verlag der Buchner'schen Buchhandlung.
1870.

Motto: „Man kann von diesem merkwürdigen Volksschauspiele gar nicht genug reden und schreiben, damit die Aufmerksamkeit recht allgemein darauf gerichtet und eine möglichst lebendige und vollständige Anschauung davon verbreitet werde".

Ed. Devrient.

Inhalt.

Vorrede und Einleitung.

Im Jahre 1860 war durch alle Zeitungen und Zeitschriften zu lesen: „Das Passionsspiel zu Oberammergau"[1]). Die ganze Welt sprach davon. Die Einen lobten dasselbe, ohne es gesehen zu haben; die Andern machten höhnische, spöttische Bemerkungen und zuckten vornehm die Achsel über ein solches Drama, natürlich auch ohne es gesehen zu haben. — Mehr, um München, das deutsche Athen zu sehen und die altbayrischen Gebirge zu besuchen, entschloß ich mich zur Reise nach Oberammergau. So dachte ich, könnte ich drei Mücken mit einem Schlage treffen: München besuchen, die Alpen sehen und dem Passionsspiele anwohnen. Und wahrlich, jene Reise hat mich nicht gereut; und ich bin versichert, wer immer dieselbe unternimmt, wird das Gleiche bekennen. Hätte Jedes von diesen Dreien: München, die Alpen und das Passionsspiel für sich allein diese Reise reichlich gelohnt, so war das Resultat um so befriedigender, als das dreifache Ziel mit einem Male erreicht worden ist. Den Glanzpunkt aber bildete das Passionsspiel zu Oberammergau. Die Erha-

---

1) Die Aufführung des Passionsspiels ist für das Jahr 1870 auf folgende Tage festgesetzt: am 22. und 29. Mai; 6., 12., 19. und 25. Juni; 3., 10., 17., 24. und 31. Juli; 7., 14., 21. und 28. August; 8., 11., 18., 25. und 29. September. Reicht der Zuschauerraum an einem der festgesetzten Tage für die Besucher nicht aus, so wird am darauffolgenden die Aufführung wiederholt.

benheit und Großartigkeit desselben sind überwältigend und un=
geahnt für den Besucher; ebenso ist der Eindruck ungemein tief
und die Erinnerung daran bleibt nachhaltig und lebendig. Man
mag noch so viel davon lesen oder hören; niemals wird man
das Passionsspiel nach seinem ganzen Werthe zu schätzen vermögen,
wenn man es nicht selbst sieht. Vieles habe ich davon erzählen
gehört, Vieles darüber gelesen, so daß ich fast fürchtete, es möchte
mit dem Passionsspiel sein, wie mit so manchem Anderen in der
Welt, von dem oft Wunderbares geschrieben wird, das aber beim
Augenschein der sich gemachten Vorstellung nicht entspricht. Drei
Dinge sind es nur, die von dem Wenigen, was ich gesehen, meine
Erwartung wirklich übertroffen haben, nämlich der Dom zu
Köln, das Meer und das Oberammergauer Paj=
sionsspiel. Es übertrifft in der That alle Erwartung. Und
wenn ich es unternehme, dieses Schriftchen darüber dem Publi=
kum zu übergeben, so geschieht es durchaus nicht, um etwas zu
der Würde und Erhabenheit des Passionsspieles hinzuzufügen —
denn das ist nicht wohl möglich —, sondern nur in der Absicht,
um Jeden, in dessen Händen diese Broschüre kommt und dem
es nur immer thunlich ist, zum Besuche desselben einzuladen,
zumal da diese Reise bei den heutigen Verkehrsmitteln mit so
wenig Geld und Zeit unternommen werden kann. Und ich würde
mich glücklich fühlen, wenn Manche und Viele durch das Lesen
dieses Werkchens sich bestimmen ließen, zum Passionsspiele zu
reisen; gewiß, sie würden es mir stets, vielleicht mit innigster
Rührung danken.

Wie groß der Eindruck des Passionsspieles auf den Zu=
schauer ist, kann nicht leicht niedergeschrieben, es kann nur selbst
gefühlt und muß empfunden werden. Nur einige Aeußerungen
darüber will ich hier mittheilen.

Professor Lassaulx besuchte im Jahre 1860 das Passions=
spiel, und dieser große Gelehrte und Alterthumskundige äu=
ßerte darnach: „Jetzt erst verstehe ich die griechischen Chöre;

das Passionsspiel hat mich in das volle Verständniß derselben eingeführt."

Ein damaliger Minister in Deutschland, der noch lebt und dessen Name ich deshalb verschweige, sagte: „Ich habe schon viel Großartiges und Schönes in der Welt gesehen, aber mit den Eindrücken des Passionsspiels vermag ich Nichts zu vergleichen."

Ein Amerikaner, der zum Besuche des Passionsspiels eigens nach Deutschland gekommen war, sprach in seiner etwas derben Weise: „Ihr Deutsche seid dieses Passionsspiel gar nicht werth; ihr wißt es gar nicht genug zu würdigen. Würde es in Amerika gegeben, selbst der Aermste würde zu demselben reisen."

Wie Sachverständige darüber urtheilen, zeigt Eduard De= vrient, der es mit Begeisterung beschrieben hat.

Eine Schauspielerin, die aus Neugierde das Oberammer= gauer Passionsspiel besuchte, soll nach demselben ausgerufen ha= ben: „Nein, so etwas können wir freilich nicht aufführen, so hoch können wir uns nicht erschwingen."

Und als ich auf meiner Rückreise noch einige Tage in München weilte, traf ich am Mittagstische einen Herrn vom Militär. Nachdem wir ein Gespräch angeknüpft und ich zu fragen mir erlaubt hatte, woher er käme, sprach er nicht ohne Rührung: „Ich komme von Oberammergau. So wurde ich noch nie ergriffen und erbaut, wie durch das Passionsspiel; es war für mich die stärkste Predigt, der ich auch nicht wider= stehen kann. Daher ist das Erste, das ich nach meiner An= kunft zu Hause thue, daß ich mit meiner Frau eine Art Testa= ment mache und darin eine gewisse Summe für jeden meiner drei Söhne aussetze mit der ausdrücklichen Bestimmung, daß dieses Geld nur als Reisegeld nach Oberammergau zum Pas= sionsspiel verwendet werden darf."

Auch für Spötter wäre es gut, wenn sie das Passions= spiel mit eigenen Augen sehen würden; sie würden dann nicht mehr so leicht höhnen und spotten.

1*

Ein Beispiel: An dem Morgen des Tages, als ich gerade in Oberammergau anwesend war, hatte es furchtbar geregnet, so daß die Sitze für die Zuschauer, die bekanntlich unter freiem Himmel sind, merklich naß geworden waren. Darüber murrte ein Besucher hinter mir gewaltig und ergoß sich, weil nicht sofort sein Sitz abgetrocknet worden war, über die ganze Einrichtung des Spieles in den bittersten Spottreden und dem stärksten Hohne. Als dann das Spiel selbst begonnen hatte und die erste Vorstellung, der Einzug Jesu in Jerusalem mit dem ergreifenden Volksgesange: „Heil Dir, Heil Dir, o Davids Sohn ꝛc.“ vorüber war und schon mächtig auf das Gemüth der Zuschauer gewirkt hatte, da fiel mir jener Spötter ein; ich drehte mich um, und siehe — er weinte. So sehr hatte diese erste Scene ihn ergriffen. Ich glaube, daß er im Verlaufe des Spieles gründlich curirt wurde.

Das Passionsspiel hat in eigenthümlicher Weise etwas Erhabenes, Ergreifendes, Würdevolles und Heiliges. Wie es der religiösen Ueberzeugung entsprungen ist, so auch führt es wieder zu religiöser Ueberzeugung. Es ist wahrhaft christlich, und darum so großartig und einzig in seiner Art. Jeder, der das Glück hatte, demselben beizuwohnen, wird mir beistimmen. Konnten doch solche Zeitschriften, die dem Christenthum gerade nicht besonders freundlich sind, dem Passionsspiele ihre Anerkennung nicht versagen, wie wir im Verlaufe dieser Beschreibung finden werden. Eben darum sollte man demselben seinen hohen Charakter auch ausschließlich lassen und es nicht durch mißglückte, vielleicht gewinnsüchtige Nachahmung schmälern. Dies geschieht aber meines Erachtens durch solche Aufführungen, wie sie z. B. ein gewisser Schneider vor mehreren Jahren in Franken gab, indem er dieselben als die wahre Darstellung des Oberammergauer Passionsspieles anpries. Ich wohnte einer solchen Vorstellung zu Würzburg in der Neubaukirche, die damals dem Gottesdienste noch nicht zurückgegeben war, bei und

muß gestehen, daß ich Aerger empfand, als ich diese Carri=
catur des erhabenen, wahren Passionsspieles mitansah. Eine
solche unwürdige Nachahmung ist eine wahre Verleumdung des
eigentlichen Oberammergauer Passionsspieles und sollte um so
weniger stattfinden, als dadurch mancher Unerfahrene zu dem
Glauben gebracht wird, das, was zu Oberammergau geschieht,
sei auch nichts Anderes, und es sei deshalb nicht der Mühe werth,
dahin zu reisen.

Dem Urtheile, daß das Oberammergauer Passionsspiel ein=
zig in seiner Art basteht und jede Nachahmung eine Verküm=
merung desselben ist, pflichtet auch ein ausgezeichneter Berichter=
statter bei, indem er schreibt [1]): „Ammergau ist und bleibt ein=
mal in seiner ganzen Vergangenheit und gegenwärtigen Wirk=
lichkeit eine eigenthümliche Erscheinung, die in derselben Weise
eine Nachahmung nicht verträgt."

---

1) Korrespondent v. u. f. Deutschland v. 8. März 1861, Morg.=Blatt
Nr. 123 S. 499.

I.

Allgemeine Beschreibung.

1.

Geschichtliche Notizen über das Dorf Oberammergau.

Ammergau's geschichtliche Erinnerungen dürften, obgleich dies Manchen nicht genügend erwiesen erscheint, wohl bis zu der Römerzeit hinaufreichen. Dann kam das Christenthum vom Lech herüber. Im neunten Jahrhundert lagen die Welfen hier, von welchen sich die Fäden der Geschichte weitverzweigt hinaus in die Lande spinnen. Nach Kaiser Konradin's Tode kamen die bereits früher an den Herzog Ludwig von Bayern verpfändeten hohenstaufischen Güter und damit auch Schongau und Ammergau an das bayrische Herzogshaus der Wittelsbacher. Noch mehr: Ammergau hat auch jetzt noch im bayrischen Königshause die Nachkommen seiner uralten Herren-Geschlechter der Welfen und Hohenstaufen zu verehren. Die Mutter Herzogs Ludwig des Strengen, von dem unser Königshaus abstammt, war nämlich Agnes, eine Tochter Heinrich's, des Pfalzgrafen am Rhein, der ein Sohn Heinrich des Löwen war. Dieser Agnes gleichnamige Mutter aber war die Tochter Konrads von Hohenstaufen, der von seinem Bruder, dem Kaiser Friedrich dem Rothbart, die Pfalzgrafschaft am Rhein erhalten hattte. Es war also sowohl Konrad von Hohenstaufen, als auch der berühmte Welfensohn Heinrich der Löwe, Urgroßvater Herzog Ludwigs von mütterlicher Seite. Somit steht heut zu Tage noch Ammergau unter einem Landesfürsten, der aus dem Geblüte derjenigen stammt, die vor mehr als eintausend Jahren in demselben Gaue geherrscht haben [1]).

Von großem Einflusse für Ammergau war die Gründung des kaiserlichen Stiftes zu Ettal. Um die Nachbarn zum Kloster-

---

[1]) Vgl. Daisenberger Geschichte Ammergau's S. 68. (Histor. Verein von Oberbayern Jahrg. 1860.)

bau und der Cultur des Thales fleißig anzuregen, nahm Lud=
wig der Bayer selbe unter seinen besonderen Gnadenschutz,
bestätigte ihnen alte Rechte und Freiheiten und verbriefte den
Ammergauern dazu noch etliche neue, kam auch selbst häufig her=
aus, „daherum ritterlich und gut waidmännisch auf wilde
Bären zu reiten", gerade so wie der höchstselige König Maxi=
milian II. dort häufig und gerne weilte, um an der Jagd auf
das flüchtige Edelwild der Gemsen sich zu freuen. Und wer
weiß, ob der eiserne Bolzen in dem riesigen Bärengerippe, das
im Jahre 1859 in einer Höhle der dortigen Gegend aufgefun=
den wurde, nicht ein kaiserlicher Schuß gewesen!

Ammergau wuchs kräftig heran, indem es bisweilen mit
dem Ettaler Stift einige Häckeleien und Spähne gab, und er=
reichte seine Blüthe im 14. und 15. Jahrhundert, als die alte
Römerstraße wieder von den reichen Hanseaten befahren wurde.
Da klingelten lange Züge von Mäulern die Steige herauf und
mächtige Saumthiere und schwerfällige Wagen schleppten In=
diens Kostbarkeiten, die von Venedig her über Augsburg und
Nürnberg nach den Niederlanden und Hansestädten des nörd=
lichen Deutschlands gefahren wurden. Die Ammergauer aber
fanden durch Niederlage der Kaufmannschaft, durch Vorspann,
Fuhrwerk und Sichergeleit vielen Verdienst. Schon Kaiser Lud=
wig hatte ihnen deshalb ein Privilegium ertheilt und die Her=
zoge Ernst, Wilhelm und Albrecht bestätigten später am Sonn=
tag „da man singt in der hl. Kirche Lätare", daß „dieweil die
Straß geht und einderst anderswo" Niemand keine Kaufmann=
schaft führen dürfe, denn die von Oberammergau mit ihren Ge=
schirren. Sie lieferten die Güter, die aus Italien kamen, ge=
wöhnlich bis Schongau, wo sie abgelöst wurden, die Güter, die
von Augsburg hingegen kamen, nach Partenkirchen. Leute, welche
solches Fuhrwerk leisteten, bildeten, wie wir aus reizender Er=
zählung des alten Stilling wissen, eine eigene Innung und
wurden Rottfuhrmänner oder kurzweg Rottmänner benannt.

Noch wird eine Höhe im nördlich vom Dorfe gelegenen
Felde der Warbuchel oder Warberg genannt, wo das für
die Waarenniederlage bestimmte Gebäude gestanden haben soll,
und nicht weit davon fließt die Esellaine, die ihren Namen von
der Zeit trägt, da noch die Saumthiere an ihr lagerten und ge=
tränkt wurden. Auch im Dorfe sieht man noch an einem Sold=
hause eine sehr dicke Mauer mit einer ansehnlichen Einfahrt, die

als Ueberrest eines Niederlagegebäudes gilt. Dieser lebendige Verkehr war es auch, der einen braven Nürnberger Bürger, Ullrich Arzat antrieb, eine wohlthätige Stiftung zu machen. Er war schon lange des Vorhabens gewesen „zur Ehre Gottes und von seinen Voreltern und seines Seelenheils willen, von seinem Gut, das ihm Gott gegeben, eine ewige Messe irgendwo, wo es dem gemeinen Volke nothwendig wäre, zu stiften." Das hatte kaum die Ammergauer Bauernschaft vernommen, als sie den edlen Herrn dringend baten, dem also nachzukommen, „anzusehen ihr Seelenheil und ihre Nothdurft, wie daß zum öfteren, edel und nicht edel Landfahrer, Kaufmänner, Pilgrime und Andere, die daselbst über Nacht seien, etwan morgens gerne eine Messe hören möchten, als auch, daß in den Dörfern zu Ober= und Niederammergau, dahin auch etliche Weiler gehören, nit mehr, denn ein Priester sei, der durch seine selbsteigene Person dieses Alles und so viel Volk in geistigen Sachen nit wohl versehen möchte." — Ullrich Arzat ging auf die Bitte der Gemeinde ein und wendete sich gemeinschaftlich mit den „armen Leuten zu obere Ammergau" an die herzoglichen Brüder Ernst und Wilhelm, die gleich am Montag nach Bartholomäi 1429 das fromme Vorhaben bestätigten, indeß die generalvicariatliche Genehmigung von Freising aus unbekannten Gründen erst im Jahre 1436 gegeben wurde.

Das Rottfuhrwerk schwand aber schon ersichtlich in der zweiten Hälfte des 16. Jahrhunderts: man zog die ebenere Straße über Weilheim und Murnau, oder über Füssen vor; vergeblich klagten die Ammergauer Rottleute und bestanden auf ihren Privilegien und verbrieften Rechten; die Wagen blieben allgemach aus und der Verkehr zwischen Venedig und Augsburg wurde geringer. Dafür kam der Bergbau auf mit ganz ungeheuerlichen Hoffnungen, schlief aber bald wieder ein, weil es mit dem „Silber= und Goldärzt" nicht absonderlich gut bestellt schien. Eines bleibenderen Ertrages erfreute sich dagegen die Bildschnitzerei. Wie und wann dieselbe in Aufnahme gekommen, ist unbekannt; gewiß ist nur, daß sie schon zu Ende des 16. Jahrhunderts betrieben wurde; indessen wurde sie wahrscheinlich schon viel früher aus einem der benachbarten Klöster in das Dorf verpflanzt. Im Kloster Rothenbuch bildete die Holzschnitzerei die besondere Beschäftigung der Brüder. Als um das Jahr 1111 der Chorherr Eberwein mit drei Priestern und vier Brüdern von Ullrich, dem

erften Abte des nicht lange vorher gegründeten Klofters Rothen=
buch ausgeſchickt wurde, um in der Wildniß von Berchtesgaden
ein neues Chorherrnftift zu gründen: da ſoll durch eben dieſen
Bruder die aus Ammergau mitgebrachte Kunſt, allerlei
kleinen Hausrath zu ſchnitzeln und zu drehen, auch zu Berchtes=
gaben geübt und unter den bortigen Anſieblern verbreitet wor=
ben ſein. Merkwürbig iſt auch der Einfluß Ammergau's auf
das tyroliſche Dorf Gröben, wo ſeit 1703 die Schnitzkunſt
aufkam; die Gröbener lieferten ihre Probukte nach Ammergau,
wo ſie lange Zeit erſt gefaßt und bemalt wurden, bis die Grö=
bener die Bereitung der Saftfarben und der Firniſſe ben Am=
mergauern endlich ablernten. Es bürfte baher wohl anzunehmen
ſein, baß die Holzſchnitzerei wenigſtens um dieſelbe Zeit, in wel=
cher ſie aus Rothenbuch nach Berchtesgaden verpflanzt wurde,
aus dem nahen Klofter auch ben Weg nach Oberammergau ge=
funden habe, wenn nicht etwa dieſer Erwerbszweig gar ſchon
früher in Ammergau heimiſch geweſen iſt und das Stift Rothen=
buch ſich bei ſeiner Errichtung eben mit eingebornen Brübern,
die dieſer Arbeit kunbig waren, bevölkert hat.

Das nahe gelegene Klofter Ettal iſt vielleicht nicht ohne
Einfluß auf die Ammergauer Schnitzkunſt geblieben; die bort
entſtanbene Wallfahrt mag beſonders auf den Gedanken geführt
haben, ſich in Formen von Muttergottesbilbern, Crucifiren und
andern geiſtlichen Vorſtellungen zu verſuchen, indem der Zuſam=
menfluß zahlreicher Pilger der Arbeit Abſatz verhieß [1].

Heut zu Tage zählt Ammergau allein hundert und zwanzig
Bilberſchnitzer, die in Ahorn=, Apfelbaum= und Spindelholz ar=
beiten. Von dieſem Induſtriezweige lebt alſo die Mehrzahl der
Bewohner des Dorfes, obgleich ſie bisher bei allem Fleiße nicht
reich dabei wurden, da die Differenz zwiſchen dem vom Verleger
bezahlten Honorar und dem Marktpreiſe eine ſehr große war und
zum Theil noch iſt. Was in Ammergau mit Zwanzigern be=
zahlt wird, gilt in Baden=Baden ſchon ebenſo viele Thaler; ja
noch mehr, die einfachſten Kreuzchen, von denen hier ein Mann
hundert in einem Tage liefert und dafür wenige Kreuzer
erhält, werden anderswo das Stück um einen guten Silber=
groſchen verkauft, ſo baß beim Handel ſehr hohe Prozente her=

---

1) Vgl. „Neue Münchner Zeitung v. 1860, Abendblatt Nr. 160."

auskommen. Dazu kommt noch, daß die Bildschnitzer früher völlig in der Hand des Verlegers sich befanden. Wer aus seinem eigenen Hause verkaufte, wurde nach dem Zeugniß der illustrirten Zeitung ¹) niemals mehr von dem Händler beschäftigt und somit in seiner Existenz bedroht. Nunmehr ist auch dieses besser geworden, indem mit dem Lang'schen Verlag der Zwink'sche bedeutend concurrirt und dadurch den Arbeitern höhere Bezahlung wird. Auch steht es jedem frei, seine Arbeit selbst zu verkaufen oder in den Handel zu bringen.

Erstaunlich ist die Auswahl von Gegenständen, welche man in den Magazinen des Verlages aufgestapelt findet. Da gibt es ganze Armeeen von Soldaten, sogar eine vollständige Belagerung einer Burg; Heerden von zahmen, wilden und fabelhaften Thieren, ganze Schaaren von Puppen und Hanswursten aller Art, zierliche Gefäße, geschnitzte Bierkrüge, Gemsenjäger und Könige, Soldaten und Handwerker, geschmackvolle Bilderrahmen, Falzbeine, allerliebste Gebirgshäuser und sogar Veduten berühmter Gebäude und Denkmäler. Besonders reich ist das Gebiet der religiösen Schnitzerei vertreten in Heiligenbildern, Crucifiren u. dgl. zu jedem Preise und jeder Größe; zumal sind die Oberammergauer Crucifixe nahezu weltbekannt und gerne gekauft, besonders vom Volke. Als Hauptmeisterwerk gilt das Abendmahl Lernordo da Vinci's in runden Figuren, ein Werk, das der Schnitzer um sechs Louisdor zu liefern im Stande ist, ganz vortreffliche Arbeit, die manchmal jahrelang stehen bleibt, um endlich in Antwerpen oder Berlin das vierfache theurer verkauft zu werden.

Sind diese Gegenstände auch nicht immer von eigentlich künstlerischem Werthe, so sind dieselben doch durchgehends regelrecht, zierlich und rein gearbeitet und geben ebenso Zeugniß von dem großen Fleiße der Oberammergauer, als von deren nicht unbedeutendem Kunstsinne. Schon von Jugend auf sind durch diese Schnitzereien die Bewohner von Oberammergau zu einer plastischen Anschauung und zur Thätigkeit der Phantasie gewöhnt; und eben dadurch steht das Oberammergauer Passionsspiel mit der Oberammergauer Bildschnitzerei in enger Verbindung. Durch die Schnitzerkunst lebt sich die ganze Generation gleichsam in das

---

1) Illustr. Zeitung v. 25. Aug. 1860, Nr. 895 S. 126.

Paſſionsſpiel ein und erbt es durch eben dieſe Kunſt auf das
kommende Geſchlecht fort. Die Geſtalten der Evangelienge=
ſchichte ſind den Ammergauern durch die Bildſchnitzerei ſo per=
ſönlich lebendig geworden, daß eine dramatiſche Darſtellung der=
ſelben nur eine andere Art der Plaſtik für ſie iſt. Es iſt kein
Bauernſpiel mehr, und keine Dorftragödie, welche in Oberam=
mergau gegeben wird, ſondern es iſt nur die erhöhte Steiger=
ung des Lebens dieſer Dorfkünſtler, welche im Drama vollkommen
in ihrem Berufe bleiben: „Geſtalten zu bilden" [1]).

Sind wir hiedurch der Geſchichte vorausgeeilt und plötzlich
in der Gegenwart angelangt, ſo dürfte es doch die Sache unſe=
res Planes nicht beeinträchtigen. Denn was die frühere Zeit
Ammergau's noch an Erinnerungen bietet, ſind lauter Leid und
Klagen, Feuer = und Waſſernöthen, Landplagen, Kriegsſchäden
und theuere Zeiten, Schauer und Viehſeuchen und zuletzt noch
die Peſt, die die Urſache zur beſtimmten Wiederholung des Paſ=
ſionsſpieles geworden iſt.

2.
Geſchichte und Bedeutung religiöſer Spiele überhaupt.

Im Mittelalter waren religiöſe Spiele häufig. Wie das
chriſtliche Leben ganz und gar von der Religion durchdrungen
war, ſo wollte man dieſelbe auch äußerlich darſtellen, und dies
geſchah in dem religiöſen Schauſpiele. Daſſelbe zeigt ſich
an dem ewig grünen Baume der Kunſt als ein Zweig, der, aus
den früheſten Zeiten des Chriſtenthums ſtammend, ſeine volle
Pracht und eine weite Verbreitung beſonders im zwölften Jahr=
hundert erreichte und den einzelnen Kirchenfeſten des ganzen
Jahres einen hohen Glanz verlieh. Dieſe religiöſen Schauſpiele
waren ein Ausfluß der gottesdienſtlichen Feier; und weil ſie die
Geheimniſſe der hl. Religion anſchaulich machen ſollten, ſo nannte
man ſie Myſterien, d. h. heilige Geheimniſſe. Sobald durch
das Chriſtenthum Deutſchland umgeſtaltet war, faßten auch dieſe
religiöſen Schauſpiele feſten und allgemeinen Boden. Einen be=
rühmten Namen errang ſich auf dieſem Gebiete eine merkwür=
dige deutſche Jungfrau, Namens Hrotſuitha [2]), die (der Sage

---
1) Ebendaſelbſt.
2) Dieſe Kloſterjungfrau „Hrotſuitha von Gandersheim" hat einen

nach eine griechische Prinzessin) beiläufig um 930 geboren wurde, ins sächsische Kloster von Gandersheim kam und diesem bis zum Ende des Jahrhunderts als Äbtissin vorstand. Sie dichtete für ihre Klosterfrauen mehrere dramatische Spiele aus dem Leben der lieben Heiligen Gottes, die ohne Zweifel auch oftmals aufgeführt wurden zur Freude und Erbauung ihrer christlichen Mitschwestern. Mit ihren Dramen hat diese Kunst der religiösen Schauspiele einen bedeutenden Vorsprung genommen; sie sind auch höchst wichtige Urkunden für die Sitten-, Kunst- und Kirchengeschichte ihrer Zeit; denn Hrothsuitha hat in der Schilderung augenscheinlich ihrer heimischen Zustände gedacht [1]).

Wohl weiß unser jetziges Theater nichts mehr davon, daß einst alle dramatische Kunst aus religiösen Anfängen hervorging. Kirche und Schauspiel, jetzt so feindlich getrennt, lassen nicht mehr errathen, daß sie einst so innig zusammenhielten, daß erstere es förderlich fand, in letzterem, in den Mysterien des Mittelalters, den dramatischen Darstellungen der heiligen Geschichte, ein Hauptbelebungsmittel christlicher Andacht und Frömmigkeit zu sehen. Der Streit über die Frage, ob die Würde des Heiligen eine Dramatisirung vertrage, vergißt, daß er eigentlich in der Vergangenheit schon lange seine Erledigung gefunden hat, daß uns genug geistliche Schauspiele aus der christlichen Vorzeit

---

Namen in der dramatischen Poesie erlangt, wie nur wenige ihres Geschlechtes. Die Beschäftigung der Literatur hat sich derselben gerade im 19. Jahrhundert vielfach zugewendet. So erschienen unter Anderem: „Hrotsuita's Werke“, herausgegeben v. K. A. B a r a ck, Nürnberg, Bauer u. R. 1858. — M a g n i n, „Theatre de Hrotsvitha“, Paris 1854. — D o r e r, „Roswitha, die Nonnen von Gandersheim“, Aarau, Sauerländer 1857. — R u d o l f K ö p k e: „Hrotsuit von Gandersheim“, Berlin, Mittler 1869. — Im Allgemeinen sind Einheimische wie Ausländer einig in allseitiger Anerkennung ihres Geistes und Strebens wie ihres Verdienstes. Hrotswitha bleibt anerkannt als eine durch eigenen Werth bedeutende, durch glückliche Verhältnisse gereifte Erscheinung, als in ihrer Zeit einzig bastehende Dichterin. Neben ihren religiösen Gedichten und Dramen hat sie auch die Thaten des Größten der Ottonen und die Anfänge ihres eigenen Klosters besungen und dadurch unter den Quellenschriftstellern für unsere Geschichte ihren Platz gewonnen. (Vergl. Liter. Handweiser, Münster 1869 Nr. 79, S. 203).

1) S. Neue Münchner Zeitung a. a. O. Nr. 119 S. 473.

enthalten find, welche keinen Zweifel für jene Möglichkeit übrig laffen.

Die erften Bühnen, auf denen bei folchen kirchlichen Feften diefe theatralifchen Darftellungen gezeigt wurden, waren unmittelbar mit dem Gottesdienfte verbunden und in der Kirche felbft angebracht. Später verlegte man fie auf die Kirchhöfe oder auf andere geweihte Plätze in der Nähe der Kirchen. Legenden aus dem Leben der Heiligen, gefchichtliche Begebenheiten aus dem alten Teftamente oder aus dem Leben und Leiden Jefu Chrifti wurden da, fo weit es die Kunft und die Kräfte der Darftellung zuließen, verfinnlicht. Unter allen Gegenftänden aber blieb des erhabenen und erfchütternden Stoffes wegen die Paffion, d. h. das Leiden und Sterben Chrifti, der bei weitem beliebtefte und verbreitefte. Daher nahm man auch Veranlaffung, mit der Zeit die religiöfen Schaufpiele insgemein Paffionsfpiele oder Paffionsfchaufpiele zu nennen. Geiftliche verfaßten in der Regel folche biblifchen oder religiöfen Gegenftände zu theatralifchen Darſtellungen und fpielten auch häufig dabei die Rollen heiliger Perfonen, z. B. von Gott Vater, Jefus, den Apofteln oder den Heiligen, während die Gemeinde das übrige Perfonal darftellte, das oft die Zahl von mehren Hunderten erreichte. Mit der Reformation und durch diefelbe kamen diefe religiöfen Schaufpiele befonders in den Städten fehr in Verfall. Die Einfalt und Frömmigkeit diefer urfprünglich tief religiöfen Handlungen hatte fich nur bei den Bewohnern der ftillen Thäler in den Hochgebirgen erhalten. So fanden noch im vorigen Jahrhundert folche religiöfe Spiele fehr häufig in Schwaben, in Oberbayern, in Salzburg, Steiermark, Tyrol und der Schweiz ftatt und haben erft in dem gegenwärtigen durch den zerfetzenden und allem religiöfen Leben feindlichen Zeitgeift ihr Ende erreicht. Das einzige noch grüne Blatt an dem einft fo fchönen Baume religiöfer Darftellung hat fich indeffen rein und lebensfrifch erhalten in dem weltbekannten Paffionsfpiel zu Oberammergau [1]. Und es ift nach dem Zeugniffe Ed. Devrients [2] ein wahrer Seelentroft inmitten des

---

1) Vgl. Archiv für Natur, Kunft, Wiffenfchaft und Leben. Braunfchweig, III. Serie X. Bd. S. 25.

2) Ed. Devrient, das Paffionsfchaufpiel im Dorfe Oberammergau. Leipzig 1851 S. 1. — Eduard Philipp Devrient, geboren zu Berlin am 11. Aug. 1801, einer der ausgezeichnetften Sänger

Zersetzungsprozesses, den der moderne Geist mit allem Alten und Ueberkommenen vornimmt, umgeben von den haltlosen Trümmern des bisherigen Lebens, mit denen wir zugleich so viel Angelebtes, Liebgewordenes und Volksthümliches zerbröckeln und vergehen sehen — daß da eine Erscheinung, wie dieser Ueberrest der geistlichen Schauspiele des Mittelalters, so altdeutsch kerngesund und jugendfrisch vor uns steht, als wäre sie gestern erst entstanden, uns mit den unbefangenen Kinderaugen ansieht und zuzurufen scheint: seid guten Muthes, der alte Hort des deutschen Volksgeistes ist unvertilgbar und unerschöpflich; wenn ihr nur Glauben daran behaltet, macht er euch immer wieder überreich. — Darum kann man von diesem merkwürdigen Volksschauspiele gar nicht genug reden und schreiben, damit die Aufmerksamkeit recht allgemein darauf gerichtet und eine möglichst lebendige und vollständige Anschauung davon verbreitet werde.

Freilich ist das mit allem Beschreiben schwer zu erreichen. Um eine Erscheinung so eigenthümlicher Art zu verstehen, muß man die Atmosphäre mitathmen, in welcher sie entstanden und so wunderbar erhalten ist; man muß die Menschen, welche sie hervorbringen, kennen, muß insbesondere ihre Natur und was sonst noch auf sie einwirkt, mitempfunden haben.

3.

Geschichte und Bedeutung des Oberammergauer Passionsspieles insbesondere.

Daß das Passionsspiel zu Oberammergau nicht wie an vielen anderen Orten aufgegeben wurde, hat seinen speziellen Grund. Daß aber die Ammergauer es mit solcher Beharrlichkeit durch alle Stürme der Zeit festhielten, das zeugt von ihrer Energie und von ihrem religiösen Eifer in jenen Tagen, wo Thatkraft und religiöser Sinn rar waren im ganzen Lande. Dieser Ruhm wird ihnen bleiben, wenn man ihnen auch das Bestehen ihres Dorfes in der Zeit der Carolinger anstreitet, und für diesen Eifer werden sie ihren

---

und zugleich Darsteller der deutschen Oper, ein Mann von hoher Bildung; sein Oheim war der große Schauspieler Ludwig Devrient.

Lohn dort empfangen, wo alles Vergängliche seinen Werth schon längst verloren hat [1]).

Ueber die Entstehung dieses merkwürdigen religiösen Schauspieles gibt uns außer der mündlichen Ueberlieferung die Chronik Aufschluß, von welcher Pfarrer Prechtl im 2. Hefte des 21. Bands des Archivs für vaterländische Geschichte Auszüge mittheilt, wie folgt:

„Anno 1631. Wegen dem noch fortdauernden schwedischen Krieg, theuren Zeiten und Kriegsunruhen haben die Krankheiten sowohl in Bayern als in Schwaben eingerissen, so ist auch hier ein hitziges Fieber oder Kopfweh entstanden, so daß viele Leute daran gestorben sind",

„Anno 1633 hat die Pest in allen Orten eingerissen, daß man vermeint hat, die Leuthe gehen Alle darauf. Denn in der Pfarrei Kohlgrub (drei Stunden von Oberammergau) sind die Leuth dermassen ausgestorben, daß nur 2 Paar Ehevolk anzutreffen gewesen . . Das hiesige Dorf hat mit der fleißigen Wacht erhalten, daß Nichts ist hereingekommen, obwohlen die Leuthe allenthalben gestorben sind, bis auf unsern Kirchtag, der damals auf den 25. September fiel. Da ist ein Mann von hier mit Namen Kaspar Schuchler bei den Mayr in Eschenloh Sommermaden gewesen, dieser hat bei sich beschlossen er wolle nach Hause in die Kirchnacht gehen, um einmal zu sehen, was sein Weib und seine Kinder thun, so ist er über den Berg herumgegangen und hinten herein, weil da keine Wacht gewesen und sein Haus zunächst an der Lainen gestanden, so ist er schon am Montag nach der Kirchweihe eine Leiche gewesen, weil er ein Pestzeichen an sich mit ihm herumgetragen. Alsdann sind vom selbigen Montag bis auf Simon und Judä Abend (also in 33 Tagen) allhier 84 Personen gestorben; in diesem Leydwesen sind die Gemeindsleuthe Sechs und Zwölf zusammen gekommen und haben die Passionstragödie alle 10 Jahre zu halten verlobt und von dieser Zeit an ist kein einziger Mensch mehr gestorben, obwohlen noch Etliche die Pestzeichen von dieser Krankheit an Ihnen hatten. Alsdann ist diese Tragödie von 1634 gehalten worden bis auf 1680. Damals hat man sie auf 10 Jahre verlegt und ist darnach alle Zeit so gehalten worden".

Darnach verdankt das Oberammergauer Passionsspiel seine

---

1) S. Kalender f. kath. Christen. 1860. Sulzbach. S. 53.

Entstehung einem Gelübde, das die Einwohner gemeinschaftlich
zur Abwendung der Pest machten, indem sie sich verpflichteten,
alle zehn Jahre das Passionsspiel zu halten. Und was die
Ammergauer Gott gelobt hatten, das hielten sie getreulich.
Selbst die Kriegsunruhen 1800 konnten sie nicht hindern. Da
sie in diesem Jahre gestört worden, so setzten sie die Vorstellungen in dem darauffolgenden Jahre fort.

Schon im Jahre 1780 hatte die Gemeinde Oberammergau
sich ein spezielles Privilegium für ihre alle zehn Jahre zu ge-
benden Passionsvorstellungen vom Churfürsten Karl Theodor
erwirkt. Dasselbe Privilegium wurde zehn Jahre später mit
Einschärfung des Verbotes solcher Spiele für alle andern Ge-
meinden erneuert. Selbe Einschärfung ist zu dem Ende gegeben, „damit das Volk von der Arbeit, Gebet und andern Ge-
schäften nicht abgehalten und zum Müßiggange verwöhnt werde“.
Bis dahin hatte man noch Respekt vor dem Gelübde einer ganzen Gemeinde und gestattete dessen Erfüllung. Jetzt aber waren die Zeiten anders geworden. Es war ein neuer, solchen
Aeußerungen des Volksglaubens durchaus feindlicher Geist in
die Regierung und Beamtenwelt Bayerns gekommen. Als das
Jahr 1810, in welchem dem Gelübde der Väter gemäß die Leidensgeschichte des Herrn wieder vorgestellt werden sollte, heran-
nahte, hatte man in Ammergau wenig Hoffnung, daß man je-
mals mehr die Bewilligung der Regierung hiezu erhalten werde.
Doch wurde beschlossen, einen Versuch zu wagen. Es ging eine
Deputation, Georg Lang an der Spitze, nach München. Die
Männer wurden vom Oberkirchenrathe ohne alle Umstände abgewiesen. Ja, es wurde ihnen bedeutet, sie sollten sich bald
möglichst aus der Stadt entfernen. Dadurch nicht erschreckt,
wandten sie sich mit der Bitte um Rath und Hilfe an den kö-
niglich geistlichen Rath Sambuga [1]. Dieser nahm sie sehr gü-
tig auf, verfaßte ihnen selbst eine Bittschrift zur unmittelbaren

---

1) Joseph Anton Sambuga, geb. 9. Juni 1752 zu Walldorf, unweit Heidelberg, Religionslehrer Sr. Majestät des höchstseligen
Königs Ludwig I und dessen Königl. Geschwisterte, starb am
5. Juni 1815 zu Nymphenburg und liegt in dem Friedhofe zu
Neuhausen bei München begraben. Sambuga war eine Leuchte
seiner Zeit durch Gelehrsamkeit und Tugend. Näheres über dessen Leben und Wirken im Kalender für kath. Christen, Jahrg.
1855 S. 53.

3. Geschichte u. Bedeutung des Oberammerg. Passionsspiels. 17

Eingabe an Se. Majestät den König und bereitete derselben die Wege zur guten Aufnahme. Die Abgeordneten brachten schon die mündliche Zusage heim und bald wurde die Gemeinde durch Kundmachung der Genehmigung ihres Vorhabens erfreut. Nun vereinigten sich zwei, auch sonst einander befreundete Män= ner, das Werk zu fördern. Es waren der P. Dr. Ottmar Weis, der damals noch seine ehemalige Klosterzelle zu Ettal bewohnte, und der Schullehrer Rochus Dedler zu Oberammergau. P. Ott= mar übernahm die neue, der gegenwärtigen Zeit angemessenere Bearbeitung des Textes. Er faßte den Gedanken, die Dar= stellungen der Leidensgeschichte lediglich auf die heiligen Evan= gelien zu gründen, und jeder einzelnen Handlung die darauf be= züglichen Vorbilder aus dem alten Testamente in mimischen Darstellungen vorangehen zu lassen, den Zusammenhang zwischen Vorbild und Erfüllung aber durch das gesprochene oder ge= sungene Wort der Schutzgeister zu deuten. Diese mußten bei jedem Auftritt das Beherzigungswerthe den Zuschauern an's Herz legen. Alle poetischen Zuthaten der letztvergangenen Jahrhun= derte blieben ganz weg. Nach diesem Plane ward der erste Versuch angelegt und 1811 aufgeführt. Vier Jahre später gab P. Ottmar dem Entwurfe eine vollkommenere Gestalt, die mit wenigen Abänderungen bis in die neueste Zeit beibehalten wurde. Lehrer Dedler compinirte eine ebenso leichtfaßliche als fließende Musik zum neuen Texte und ließ sich auch später die Vervoll= kommnung seiner musikalischen Compositionen, deren Umarbeit= ung durch den vielfach veränderten Text nothwendig geworden war, sehr angelegen sein. So brachte er das schöne, den Kräf= ten der Ammergauer Musiker angemessene Werk zu Stande, das noch immer den vollen Beifall aller billigen Beurtheilung findet[1]).

Wie im Jahre 1811, so wurde das Passionsspiel auch in den Jahren 1820 und 1830 gegeben. Bisher war der Gottes= acker die Stätte gewesen, auf welcher man die Vorstellungen ungehindert gab. Nun aber war ein Pfarrherr zu Oberammer= gau, der dieser Darstellung des Leidens Christi abhold war, und daher versuchte er zu hintertreiben, was die ehrenfesten Am= mergauer in der miserabelsten Zeit durchgesetzt hatten. Er ge=

---

1) Kalender für kath. Christen a. a. O. S. 54.

Förich, Passionsspiel. 2

stattete nicht, daß auf dem Gottesacker das Passionsspiel gege=
ben werde.

Was er übel zu thun beabsichtigte, das hat Gott zum
Besten der Sache gewendet. Der Raum auf dem Gottesacker
war ohnehin zu beschränkt. Zudem hinderten die Grabdenk=
mäler und Kreuze die so erwünschte Freistellung des Platzes.
Nun wurde der Wiesenplan vor dem Dorfe als Passionsplatz
auserkoren und daselbst das Theater aufgeschlagen. Hier ließen
sich die Sitzbänke für eine große Menge von Zuschauern
aufschlagen und den vielen Tausenden könnte es möglich gemacht
werden, die ganze Darstellung des Leidens Christi zu sehen und
die dabei gesprochenen oder gesungenen Worte zu vernehmen.

Jetzt nahm auch die Tagespresse Notiz von dem Passions=
spiele. Ein Bericht des bekannten Naturforschers Oken[1]) lenkte
die Aufmerksamkeit Vieler auf diese interessante Erscheinung aus
einer alten Zeit.

Im Jahre 1840 war die Zahl Derjenigen, die zum Pas=
sionsspiele nach Oberammergau reisten, eine außerordentlich große.
Allgemein hörte man fast einstimmiges Lob. Mehrere Blätter
besprachen den Gegenstand ausführlich. Am gründlichsten und
umfassendsten wurde derselbe von Guido Görres in einem
Berichte „das Theater im Mittelter und das Passionsspiel in
Oberammergau" besprochen[2]).

Diese Blüthezeit seines Werkes überlebte noch der Neube=
gründer des Passionsspieles P. Ottmar Weis. Drei Jahre da=
rauf, den 26. Januar 1843 starb er in einem Alter von 72

---

1) Hofrath Dr. Lorenz v. Oken war während der Jahre 1827 bis
1830 Professor an der Universität zu München und starb zu
Zürich am 11. Aug. 1851. Sein Aufsatz über das Passions=
spiel findet sich abgedruckt im Volksfreunde von 1830, in dem
Sonntagsblatte Nr. 215 zur Augsburger Postzeitung v. Jahre
1840 und in der Sammlung des Dr. M. v. Deutinger. Mün=
chen 1851 S. 359—366.
2) Guido Görres, ein Sohn des berühmten zu München am 29. Jan.
1849 verstorbenen Gelehrten Joh. Jos. von Görres, starb gleich=
falls zu München am 14. Juli 1852. Dessen Bericht über das
Passionsspiel ist abgedruckt in den historisch=politischen Blättern
Jahrg. 1840. Bd. VI. S. 1—37; 118—128; 167—192; 307
—320 und 349—382; aufgenommen in Deutinger a. a. O.
S. 392—494.

Jahren als Pfarrer in Jesewang bei Fürstenfeldbruck, nachdem er dieser Pfarrgemeinde über 30 Jahre als treuer Seelsorger vorgestanden war [1]).

Aber mit ihm starben diejenigen nicht, die er für das Passionsspiel begeistert und vorbereitet hatte. Seine Rolle übernahm jetzt sein Schüler, der ehrwürdige Ortspfarrer Jos. Alois Daisenberger, der sich um das Spiel große Verdienste erworben. Derselbe nahm vor Allem eine Revision des Textbuches vor, verbesserte nach Möglichkeit Alles, was von öffentlichen Blättern gerügt worden war, und brachte durch seinen begeisterten Eifer und seine tiefe Kunstkenntniß das Passionsspiel auf eine wunderbare Höhe. Die Sänger und Sängerinnen wurden vom Lehrer mit unermüdetem Fleiße eingeübt; die handelnden Personen wurden in Unterricht genommen und in Vortrag und Aktion instruirt. An den Fastensonntagen nach dem nachmittägigen Gottesdienste wurde immer je eine Hälfte der Passion auf dem kleinen Dorftheater probeweise aufgeführt. Nach solchen Vorbereitungen fand schon am Donnerstag vor Pfingsten die erste Hauptprobe für 1850 statt, zu welcher sich eine große Anzahl Gäste aus der Nachbarschaft eingefunden hatte. In diesem Jahre stieg das allgemeine Interesse an dem Passionsspiel noch mehr, wie die vielen Berichte darüber beweisen. So schrieb darüber Professor Dr. M. Deutinger von Dillingen, Landrichter Joseph Gerstner von Ingolstadt, die allgemeine Zeitung, die neue Münchner Zeitung, Professor Dr. Sepp von München (in der Augsburger Postzeitung), Pfarrer Daisenberger zu Oberammergau selbst u. s. w. Die Krone von Allen gebührt aber dem großen Kunstkenner Eduard Devrient in seiner höchst beachtenswerthen Abhandlung „das Passionsschauspiel im Dorfe Oberammergau in Oberbayern" [2]).

So war die begeisterte Spannung vorbereitet, mit welcher man das Passionsjahr 1860 erwartete, in welchem eine wahre Völkerwanderung nach Oberammergau in Fluß kam. Selbst hohe und höchste Personen ehrten durch ihren Besuch das Passionsspiel. So Se. Majestät der höchstselige König Max II.,

---

1) Vgl. Kalender f. kath. Christen a. a. O. 54 und 55.
2) Diese Abhandlung nebst den vorher genannten findet sich auch in Deutinger's Sammlung, München 1851.

Ihre Majestät die Königin Marie, Ihre kaiserliche Hoheit die
Kaiserinmutter Sophie und Se. kaiserliche Hoheit der Erzherzog
Viktor Ludwig von Oesterreich, der anglicanische Bischof von
London u. s. w.. Die Literatur erhielt einen schätzbaren Zuwachs in
Ludwig Clarus' vortrefflichem und viel gelesenem Büchlein, und
in einem Berichte des Professors Dr. M. Jocham im Kalender
für katholische Christen, Jahrgang 1860. Außerdem überboten
sich sämmtliche Zeitschriften in höchst interessanten Abhandlungen
über dieses religiöse Volksspiel. So die „Gartenlaube", die
„Illustrirte Zeitung", die „neue Münchner Zeitung", der „Kor-
respondent von und für Deutschland", das „Archiv für Natur,
Kunst, Wissenschaft und Leben" u. s. f. [1]).
Da dem Gesagten zufolge das Passionsspiel fast 250 Jahre
alt ist, so konnte es nicht fehlen, daß mit der Zeit Inhalt und
Form desselben manche Aenderung erforderten. Wie man im
Mittelalter das Heilige sinnlich darstellte, so wollte man es auch
mit dem Gegensatze desselben, mit dem Bösen und der Versuchung zum Bösen thun; daher erschienen bei den religiösen
Spielen nicht nur Gott Vater, Sohn, der hl. Geist, Engel
u. dergl., sondern auch Gespenster, Teufel u. s. w. So auch
beim Passionsspiele zu Ammergau. Der älteste Text desselben
vom Jahre 1662 hat noch keine unterbrochenen Handlungen wie
jetzt, sondern wurde in Einem gespielt. Die Pausen während
nothwendiger Vorrichtungen wurden mit Musik ausgefüllt. Die
Handlung beginnt nach dem Prolog mit dem Besuche Christi
in Bethanien, wo er von Magdalena gesalbt wird. Sodann
folgt die Fußwaschung in Jerusalem, die Einsetzung des Abendmahles, die Sitzung des hohen Rathes und die Verführung des
Judas. Da der Rabbi ihm das Geld gibt, „straicht ain Teifl
hint an ihm und tanzt hinter ihm".
Der zweite Theil schreitet bis zur Gefangennahme, der
dritte Theil bis zur Geißelung Christi vor Pilatus vor. Judas
hat sich bereits hier schon an einem Baum erhenkt. „Die Teifl
nemben den Judas vom Pamb herab Und tragen In mit Grei-
nen in die Hölle". — Der vierte und fünfte Theil enthält die

---

1) So weit sie mir zugängig war, benützte ich außer meiner eigenen Anschauung diese Literatur, wo immer es mir zweckdienlich
schien. D. H.

weitere Passion, die Verurtheilung und Kreuzigung des Heilan=
des. Im sechsten folgt der Schluß bis zur Ueberzeugung des
ungläubigen Thomas. Auch hier fehlt es nicht an charakteristi=
schen Vorschriften. So fällt bei der Seitenöffnung Christi dem
blinden Longinus Blut auf die Augen und er wird wieder
sehend. „Nun kommen 2 Engel und das Blut des Herrn wird
von ihnen mit Schwämmen aufgetrocknet". — Dann nach der
Auferstehung: „Christus geht mit den Engeln zur Vorhölle.
Adam führt ihm die Seelen entgegen. Drei Teufel laufen
voran und beklagen sich über ihre Ueberwindung. Christus hält
eine Anrede an die Seelen". — Auch sind hier die Scenen
in Emaus eingeflochten und das Stück schließt mit der Ein=
hauchung des heiligen Geistes. — Von alle dem ist in dem
heutigen Passionsspiele nichts geblieben, dagegen viel scenisch
Neues hinzugekommen. Im Jahre 1680 kamen an 14 Stellen
neue Textblätter, im Jahre 1700 hatte man bereits mehrere
Vorhänge. Neben dem Prolog erscheint ein Passionsgenius oder
Argumentator, welcher die bedeutendsten Scenen erklärt oder be=
singt. Das Ganze schloß jetzt mit einer Vision aus der Apo=
kalypse. Später fügte man eine Menge allegorischer Figuren
wie Teufel, Tod und Sünde und personifizirte Laster hinzu.
Diese Verbesserungen und Erweiterungen rührten von Geist=
lichen des Klosters Ettal her. Um 1750 verfaßte der P. F. Ros=
ner, ein leidenschaftlicher Dramaturg, einen ganz neuen Text.
In diesem trat statt eines Argumentators der Schutzgeist der
Schaubühne nebst sechs anderen Schutzgeistern auf, welche die
Werkzeuge des Leidens Christi in den Händen trugen. Die
übrigen symbolischen Figuren sind geblieben. Außer den sechs
„Betrachtungen" oder Handlungen sind 18 Tableaur vorhanden.
Dieser Text galt bis 1811, in welchem Jahre der schon mehr=
fach erwähnte P. Ottmar Weis mit dem Schullehrer Rochus
Debler eine totale Umgestaltung mit Hinweglassung aller alle=
gorischen Zuthaten unternahm. Aus den sechs Schutzgeistern
ist nun ein imposanter Chor von 15 bis 17 Mitgliedern ge=
worden, welche jede einzelne der 17 Handlungen mit Prolog,
Gesang und lebenden Bildern einleiten[1]). In dieser Weise be=
steht das Passionsspiel auch jetzt noch, mit Ausnahme derjenigen

1) Illustr. Zeitg. a. a. O. S. 144.

Aenderungen, welche Pfarrer und geistlicher Rath Daisenberger zu machen für nöthig fand, um den Text möglichst richtig zu stellen und auf die Höhe der Zeit zu erheben.

4.

Oertliche Beschreibung.

Was den Platz des Passionsspieles, das Theater, betrifft, so ist derselbe von einem Ammergauer Zimmermann, Namens Reichsigl, erbaut und ebenso einfach als praktisch gut angelegt, obwohl er dies auf den ersten Anblick nicht zu sein scheint. Der Schauplatz ist außerhalb des Dorfes, jedoch in der unmittelba= ren Nähe desselben; der Zuschauerraum ist mit einer Bretter= wand umzäunt, und Alles, was man an demselben und in dem= selben von Außen wahrnimmt, will fast niederdrückend auf den Zuschauer wirken, indem man dadurch unwillkürlich an die Schaubuden der Jahrmärkte zu sehr erinnert wird; nur der enorme Umfang des Gebäudes imponirt. Tritt man aber ein, so fühlt man auf der Stelle, daß es sich hier um ein großes und feierliches Volksspiel handelt[1]).

Der Zuschauerraum ist 118 Fuß breit und 168 Fuß tief, nimmt also eine Fläche von beinahe 20000 Quadratfuß ein. Derselbe faßt 6000 Personen, steigt amphitheatralisch empor und war bisher mit Ausnahme von den drei Logen im Hinter= grunde, die ein Dach von Leinwand überspannte, ganz unbedeckt. In diesem Jahre sind 6500 Quadratfuß überdacht, was den Besuchern gewiß höchst willkommen sein wird, da hiedurch so= wohl gegen die brennende Sonne als gegen den Regen Schutz gegeben ist. Es macht einen eigenthümlichen und großen Ein= druck, mit einem Male bei Oeffnung der Thüren eine endlos scheinende Menge in buntester Tracht und von verschiedenster Physiognomie, aber gleichmäßig voll Begierde und in Feststim= mung eindrängen zu sehen, um Sitz auf hölzernen Bänken, die nicht einmal eine Lehne haben, zu nehmen, und da durch 3 volle Stunden unter dem Drucke der Sonne oder unter der Unan= nehmlichkeit des Regens der Vorstellung des Passionsspieles an= zuwohnen.

---

1) Vgl. Eb. Devrient a. a. O. S. 11.

Die Plätze sind zwar je nach der Lage etwas verschieden, aber überall so praktisch angelegt, daß jeder Zuschauer, auch der auf dem letzten Platze, das ganze Spiel wohl übersehen kann.

Zwischen dem Zuschauerraum und der Bühne befindet sich das Orchester, an welches sich unmittelbar die Bühne anschließt. Die Bühne liegt ebenfalls frei und offen unter Gottes freiem Himmel da und macht in ihrer Weise auf das beschauende Auge einen fremden, aber großartigen Eindruck. Nur das eigentliche Theater im Mittelgrunde ist überbaut.

Die Breite der Vorderbühne schätzt das Augenmaß über 80 Fuß, ihre Tiefe auf 15 — 20 Fuß. Es ist ein neutraler Boden, auf dem nicht nur der Chor, sondern auch die dramatische Handlung der Leidensgeschichte sich abwechselnd bewegt. Das Theater, welches im Mittelgrunde die Vorbühne abschließt, ist der einzige überbaute Raum und ganz nach Art der gewöhnlichen Bühnen eingerichtet. Auf das Giebelfeld sind Glaube, Hoffnung und Liebe in kolossalem Maßstabe gemalt.

In diesem Theater werden die lebenden Bilder dargestellt; es spielen aber auch alle Scenen der Leidensgeschichte darin, welche besondere Ortsbezeichnung durch Dekorationen oder sonstige Vorbereitungen hinter dem Vorhange nöthig machen.

Diesem Mitteltheater schließen sich rechts und links schmale Gebäude mit Balkonen an. Das zur Linken ist das Haus des Pilatus, das zur Rechten das des Hohenpriesters Annas. Neben diesen Gebäuden, gegen die Seitenwände des Proscenium zu, sind rechts und links offene Thorbogen, durch welche man in die Straßen von Jerusalem hineinsieht. Da nun das Mitteltheater durch einen Vorhang geschlossen wird, auf welchen ebenfalls eine Straße gemalt ist, so repräsentirt der ganze Hintergrund die Stadt Jerusalem in mannigfacher Weise. Die geschlossenen Seitenwände des Proscenium sind mit architektonischen Bogen bemalt und fügen sich ganz vorn an aufgestellte Coulissen, die mit ihrer Pfeilerstellung die Breite des Bühnenraums überhaupt abschließen.

Die Einrichtung bietet den dramatischen Vorgängen außer dem Proscenium einen fünffachen Schauplatz dar: die Mittelbühne, die beiden Straßen und die Altanen der Häuser. Man sieht den feststehenden Lokalbestimmungen dieser Bühne die Abstammung von dem altgriechischen wie von dem mittelalterlichen

Mysterientheater auf den ersten Blick an; zugleich aber auch die Vortheile, die sie für die Darstellung großer geschichtlicher Schauspiele haben muß [1]). Ist auch die Anordnung und Verzierung des Aufbaues stillos und die Malerei etwas grell, so hat doch das Ganze in seinem großen und freien Entwurfe, in seiner fremden und neuen Anregung für die Einbildung etwas Imponirendes, zieht an und beschäftigt, selbst so lange die Räume leer und unbelebt sind [2]).

Einen großartigen, feierlichen Eindruck macht überdieß noch der Blick über das Theater hinaus. Rechts sieht man sanfte Bergesformen, die bis zur Spitze mit grünen Wiesen und freundlichem Gehölz bedeckt sind und anmuthig über das Frontispice der Mittelbühne emporragen. Links breiten sich die Wiesen, auf denen man kleine Heustadel und zwischen diesen weidende Kühe in der Ferne erblickt, ringsum aus, bis auf den Bergen durch den dichten Schatten der finstern Tannenstrecken das liebliche Wiesengrün abgebrochen wird, während die Berge selbst in imposanter Weise sich erheben und in dem Kofel majestätisch ihr Haupt bis zu den Wolken emporstrecken. Wenn nun gar die Sonne ihre ersten Strahlen sendet und allmählig der Nebelschleier von den Anhöhen und Bergen gehoben wird; wenn die Alpenwelt mit ihrem bunten, frischen und kräftigen Bau in dem Spiegel der Augen widerstrahlt; wenn die Sonne ihre Streiflichter so eigenthümlich durch die leeren Straßen Jerusalems wirft und hoch in den klaren Lüften die Lerche ihren Morgengesang schmettert, der in frommer Weise von den Melodieen der übrigen Luftbewohner begleitet wird: so versetzt all diese Naturschönheit das Gemüth in eine freie, natürliche, unbefangene und doch feierlich erhabene Stimmung, welche zugleich eine gute Vorbereitung für das Passionsspiel selbst ist.

Die Plätze werden je nach den Eintrittskarten von Ammergauern selbst angewiesen und von eben diesem Personale die Ordnung unter den Zuschauern aufrecht erhalten; sie zeichnen

---

1) Am Schlusse des Passionsjahres wird der Zuschauerraum wieder eingelegt; die Bühne aber bleibt stehen, und in derselben werden zur beständigen Uebung der Ammergauer kleinere religiöse Spiele von Zeit zu Zeit aufgeführt, z. B. Agatha, die Brüder Joseph's, die Eroberung des hl. Grabes u. dgl.

2) S. Ed. Devrient a. a. O. S. 12.

sich dadurch aus, daß sie den sogenannten Gebirgsstutzen an der Schulter hängen haben. Ebenso höflich und freundlich, wie behend und pünktlich verstehen sie es recht schön, jeder Unordnung vorzubeugen und jede Störung niederzuhalten. Gensdarmen oder sonstige Polizeimannschaft in Uniform sieht man nicht, und es würde sicher auch einen sehr ungünstigen Eindruck machen, wenn officielle Polizeimänner das Spiel bewachten. Frei und großartig wie es angelegt ist, duldet das Passionsspiel auch nicht das Geringste, das einen Schatten von Unfreiheit oder bureaukratischem Mißtrauen erregen könnte. Zum Beweise, wie sehr es diese Ordner verstehen, in der That die schönste Ordnung aufrecht zu erhalten, will ich nur Folgendes erzählen: Ich saß während des Spieles so etwa in der Mitte des Zuschauerraums, vor und hinter und neben mir war Alles dicht mit Menschen gefüllt, so daß augenscheinlich mit schwerster Mühe durch die Menge zu kommen war. Da wurde ein Frauenzimmer vor mir unwohl und erhob sich, um der Thüre sich zuzuwenden; im Nu stand ein Ordner bei ihr und führte sie rasch und sicher der Thüre zu, ohne daß deshalb die geringste Störung vorgekommen wäre, man merkte den Vorgang kaum.

Neben mir saß ein Fremder, der sich erlaubte, während des Spieles Papier und Bleistift aus der Tasche zu nehmen und Notizen zu machen. Das aber ist verboten. Da stand wieder im Nu ein Ordner an seiner Seite, legte seine Hand auf die des Schreibers, nahm diesem sanft, aber sicher das Papier weg und war eben so schnell wieder verschwunden. Der überraschte Schreiber wußte kaum, wie ihm geschehen, und seine Umgebung ward kaum gewahr, daß da etwas vorging.

Die Preise der Plätze sind je nach Rang verschieden; wenn ich mich recht erinnere, so kostete der letzte Platz 24 kr., und dann stiegen dieselben aufwärts bis zu 2 fl. 24 kr. Jedoch wiederhole ich, daß man auf jedem Platze, auf dem ersten so gut wie auf dem letzten, das Ganze genau übersehen kann. Nur versteht man in den hintersten Reihen und in den Logen den Text nicht so deutlich, was aber von sehr geringem Belange ist, da ja derselbe ohnehin aus der Leidensgeschichte allgemein bekannt ist.

5.

Eintheilung und allgemeine Charakteristik.

Das ganze Schauspiel besteht aus vier Hauptabtheilungen[1]).
Die erste beginnt mit dem feierlichen Einzuge Jesu in
Jerusalem und geht bis zur Gefangennehmung. Die zweite
von da bis zum Verhöre Jesu vor Annas. Die dritte endet
mit dem Tode Jesu. Die vierte zeigt die Auferstehung.

Jede Haupteintheilung enthält in der Regel mehrere Handlungen aus dem Leiden Christi, die durch Vorbilder aus
dem alten Testamente eingeleitet und vom Chore erklärt werden. Diese Handlungen sammt den Vorbildern nennt man Vorstellungen, deren das ganze Spiel achtzehn hat. Jede dieser Vorstellungen besteht somit aus drei Theilen:

1) Aus dem Chor oder dem Gesang der Schutzgeister.

Die Bedeutung dieser Chöre besteht darin, daß sie das
Publikum stets mit der eben folgenden Vorstellung bekannt machen, den Inhalt besingen, die Vorbilder erklären und überhaupt
an dem Gange der Handlung den innigsten Antheil nehmen.
Besonders hat der Chorführer die Aufgabe, bei dem jedes-
maligen Auftreten des Chores in einer kurzen Ansprache das
bisher Geschehene zusammen zu fassen und das Kommende
einzuleiten.

Zu je sieben oder acht treten die Mitglieder des Chores
von den beiden Seiten der Vorbühne auf dieselbe und stellen
sich so auf, daß sie über die ganze Front der Bühne eine geschlossene Reihe bilden. Diese Schutzgeister sind in weiße Tu-
niken und Strümpfe gekleidet, haben bunte Sandalen an den
Füßen und einen Gürtel um die Lenden; über das Ganze flat-
tert reicher Flitter, so daß sie recht zierlich und leicht gekleidet
erscheinen und guten Effekt hervorbringen. Die Unterkleider
und Mäntel bilden die Farben des Regenbogens und zwar ordnet sich die Farbenstellung so, daß der Sprecher oder Chorführer
ein vom Regenbogenroth verschiedenes Roth trägt, die ihm auf
beiden Seiten zunächst stehenden Personen aber die blaue, und
jede nächste Person die im Regenbogen folgende Farbe führen.

---

1) Vgl. Kalender f. kath. Christen a. a. O. S. 57.

Das Haupt ist meines Erinnerns sorgfältig und zierlich gelockt und trägt ein einfaches aber geschmackvolles Diadem.

Männliche und Weibliche sind ganz gleich gekleidet und nur an der Stimme läßt sich unterscheiden, welchem Geschlechte sie angehören.

Was die Ordnung, in welcher sie erscheinen angeht, so kommen, wenn mich mein Gedächtniß nicht trügt, die zwei größten in der Mitte der Bühne zu stehen, an welche sich nach rechts und links immer die kleineren anschließen, so daß die kleinsten auf beiden Seiten den Schluß machen, etwa wie die Orgelpfeifen aufgestellt sind.

Diese Chöre entsprechen ihrem Zwecke vollständig und geben gleichsam dem Herzen des Zuschauers immer erst Verständniß und Weihe für den kommenden Akt; sie nehmen ganz die Stelle des Chors der altgriechischen Tragödie und des Vertreters der mittelalterlichen Mysterien ein und haben, wie schon gesagt, das wichtige Amt der Erklärung, sowie auch paränetischer Ansprache. Ihre Haltung ist würdevoll, ihr Gesang rein, natürlich und kräftig und auf bewundernswerthe Weise sicher; ihre anstrengende und langandauernde Aufgabe behandeln sie in vollster Hingabe, in tiefsinniger Auffassung; sie behalten stets etwas Feierliches, ihrer fast priesterlichen Stellung Angemessenes, Würdevolles. Die Musik des Orchesters ist einfach und fließend; und will sie manchmal auch an den weichlichen, ja selbst trivialen Styl Peter Winter's im Anfange unseres Jahrhunderts erinnern, so ist sie doch angenehm und oft von ergreifender Wirkung. Wie die Sicherheit des Gesanges Bewunderung erregt, so auch die außerordentliche Sicherheit, mit welcher die Musik spielt. Erinnere ich mich recht, so ist nicht einmal ein Dirigent besonders bemerkbar. Alles spielt und singt mit der größten Ruhe, als ob sich das von selbst so verstände. In dieser Beziehung bildet das Passionspiel einen wohlthuenden Gegensatz zu den Orchestern so mancher übrigen Bühnen, in denen die übertriebensten und leidenschaftlichsten Gestikulationen neben der ängstlichsten Gespanntheit oft Ueberdruß erregen und fast den Anschein geben, als handle es sich bei der Produktion um eine furchtbare Schwergeburt.

2) Aus einem oder zwei oder drei alttestamentlichen Vorbildern, die als lebende Bilder in der Mittelbühne aufgestellt sind und von dem Chore in ihrer Bedeutung

für die nachfolgende Handlung aus dem Leiden Christi erklärt werden. Diese lebenden Bilder sind ebenfalls sehr zweckmäßig und lassen als Vorbilder Christi, ich möchte sagen, einen tiefen Einblick thun in den göttlichen Erlösungsplan. Die Ausführung derselben ist meisterhaft, und man will kaum glauben, daß es Lebende sind, die so bewegungslos, plastisch fest und malerisch schön — vom Greise bis zum Kinde in den schwierigsten, oft mehrere Minuten lang dauernden Situationen ausharren. Ich erinnere nur an die Gefangennahme des Simson; an den feierlichen Aufzug Joseph's in Aegypten; Abraham im Begriffe den Isaak zu opfern rc.

3) Endlich aus der Handlung selbst. — Dieselbe ist, wie der Name „Passionsspiel" sagt, aus dem Leiden unseres Herrn und Heilandes Jesu Christi genommen, wie dasselbe von den vier Evangelisten als geschichtliche Thatsache erzählt wird.

Sämmtliche handelnde Personen sind Oberammergauer Gemeindeglieder und dürfen nur solche sein; sie allein haben das Gelübde der Väter zu lösen. Alles was im Dorfe spielen und singen oder Statistenrollen machen kann, vom hochbejahrten Greise bis zum dreijährigen Kinde, beschäftigt sich mit dem Theater, mit einer Vorliebe, einer Ausdauer und Hingebung, die einzig sind, und wodurch allein so Großartiges zu Stande kommen kann. Es ist staunenswerth, welchen Kunstsinn diese einfachen Gebirgsleute an den Tag legen. Das eigentliche Personal dürfte wohl gegen 400 Köpfe zählen. Dazu kommt die Musik des Orchesters mit etwa 40 Köpfen, und die Uebrigen, die nicht spielen und singen oder geigen und pfeifen können, verrichten Theaterarbeit, malen Dekorationen, verfertigen Costüme, da Alles, was zum Theater gehört, nirgends als in Ammergau selbst beschafft wird, oder fungiren als Kassiere, Thürsteher, Anordner, Aufseher u. s. w. Hiedurch dürfte die Zahl aller Betheiligten wohl über 600 steigen. Da ist Alles auf seinem Posten. Nur die völlig Unfähigen oder die im eigenen Hause nothwendig Beschäftigten bleiben vom Spiele zurück. Diese allgemeine Theilnahme der Oberammergauer läßt sich wohl nur daraus erklären, daß über dem Spiele eine doppelte heilige Weihe liegt: eine allgemeine — die der Religion, und eine besondere — die des Gelübdes. Nur auf diese Weise erhält sich das Passionsspiel auf seiner Höhe. Selbst die Wahlen für die einzelnen Rollen werden mit

Gottesdienst eingeleitet; und was immer für eine Rolle Jeman=
den zugetheilt wird — er muß sie übernehmen. Daher ist das
Spiel nicht von Neid, Ehrsucht, Intriguen re. begleitet, sondern
es ist für Jeden eine fromme Pflicht, die aus Gehorsam geübt
wird und Gott die Ehre gibt.

Wie die Direktion, die aus dem Pfarrer und den hervor=
ragendsten und kunstverständigsten Männern besteht, über die
Kräfte der Gemeinde verfügt, so muß es geschehen; sei es nun,
daß diesem die Rolle des Christus oder Johannes, jenem die
des Judas oder Barabas übertragen wird, er kann sie nicht zu=
rückweisen. Da gibt es keine Appellation. Und wie innig ein
Jeder seine Rolle in sich aufnimmt, das beweist das Spiel in
allen seinen Theilen. Man sollte nicht glauben, daß die einfa=
chen Gebirgsleute, welche man heute auf den Straßen und in
den Häusern trifft und deren Dialekt dem Franken z. B. mit=
unter schwer verständlich ist, die nämlichen seien, die man mor=
gen in würdigster Haltung, reiner Sprache und gediegenstem
Ernste die Rolle von Christus, Petrus, Judas, Maria Magda=
lena durchführen sieht. So getreu ist das Passionsspiel darge=
stellt, daß man glauben möchte, die große Thatsache des bittern
Leidens und Sterbens wiederhole sich wirklich. Daher auch bei
allen Besuchern so heilige Seelenstimmung, so unvergeßlicher Ein=
druck. Gar Mancher, der aus Neugierde oder vielleicht gar,
um desto mehr Stoff zum Spotte über katholisches Leben sich
sammeln zu können, bei diesem Passionsspiele erschien, verließ
dasselbe erschüttert, vielleicht umgewandelt. Ich erinnere in die=
ser Beziehung an das in der Vorrede S. 4 Erzählte.

Am ausgezeichnetsten und auf wahrscheinlich unvergleichliche
Weise, mit dem besten Verständniß und dem tiefsten Gefühle hat
der Träger der schweren Christusrolle seine Aufgabe erfaßt [1]).

---

1) Wir sprechen hier von der Aufführung im Jahre 1860. In
demselben waren die Hauptrollen vertheilt, wie folgt:

Christus	Rupert Schauer;
Petrus	Jakob Hett;
Johannes	Sebastian Dreschler;
Judas	Gregor Lechner;
Pilatus	Zeichnenlehrer Tobias Flunger;
Herodes	Franz Lang;
Annas	Gregor Stadler;

Seine Erscheinung ist groß, edel, voll würdiger Ruhe,
ungen sind schön und bemessen, ohne ängstlich zu ers
ist Natur, Adel und hohe Würde. Bewiese es der
nicht, so wäre es kaum glaublich, daß diese Rol
einfachen Landmanne auszuführen sei. Um diesel
können, gehört in der That ein von höchster Relig
drungenes Gemüth dazu. Nur heilige Ueberzeug
Heiliges wiedergeben. Darum bleibt auch selbstver
Hauptinteresse auf die Gestalt des Heilandes ges
jede Scene, in welcher er wieder auftritt, wird m
erwartet. Auf unseren Bühnen sind leider die Per
Geschichte und der Kirche und, wie bekannt, in
Oesterreich selbst alle historischen Personen der reg
nastie verboten. Dadurch sind der dramatischen K
allemal ihre höchsten und wirkungsvollsten Stoffe e
politischer Beziehung mag man jene Bedenken erk
obwohl einst die Königin Elisabeth und heute die
Bayern darin höchst unbefangen dachten und denke
kirchlichem Terraine möchte dieß Bedenken schwir
Vorurtheilsfreie, der in Oberammergau gewesen
uns darin übereinstimmen, wenn wir die morali
des Passionsspieles nicht minder hoch anschlagen, a
lischen Einwirkungen des Gottesdienstes selbst. 1
Würde der Religion nichts vergeben wird, wenn r
die Personen der hl. Geschichte auftreten, reden un
lassen, wie das Evangelium erzählt, das hat
glaubensstärksten Jahrhunderten am besten gewußt;
in diesen ist man mit dem Personale des Himmels
der heiligen und profanen Geschichte am Freiesten
und bewiesen wird es durch das Passionsspiel vc
Nach Christus verdient der Ammergauer Petrus uns
erkennung; sein Spiel ist gerundet, wohldurchdach

Kaiphas . . . . . Johann Lang, z.
'   Nikodemus . . . . Anton Haser;
Joseph v. Arimathea . Thomas Rendl;
Maria . . . . . Barbara Schaller;
Magdalena . . . . Josepha Lang;
Martha . . . . . Maria Vierling.

1) Vergl. Illustr. Ztg. a a. O. S. 145.

sein Fall sowohl wie seine Bekehrung rühren zu Thränen, und ich bin überzeugt, daß mancher Zuschauer durch ihn vom Spiele hinweg zu seiner Rückkehr zu Gott gelangte.

Auch Judas spielt seine schwierige und undankbare Partie mit bedachtsamer Steigerung und überlegter Empfindung. Zeigt er sich in seinem Verrathe als ein gewöhnlicher Alltagsmensch, der nur Gewinn sucht, so wird er in seiner fruchtlosen Reue und Verzweiflung das Bild des gottverlassenen Sünders, der zwar seine Ruchlosigkeit erkennt und verabscheut, aber den Muth nicht hat, um Verzeihung zu bitten.

Dieselbe Genialität in der Ausführung zeigte sich bei den Gestalten des Herodes, Pilatus, der Apostel und einiger Hohenpriester, besonders des Kaiphas. Weniger dürfte der lange Johannes genügt haben, der, um uns eines kunst= geschichtlichen Vergleiches zu bedienen, im Hauber'schen Style erschien, während die Madonna und die Magdalena ihre Auf= gabe so ziemlich lösten; nur Schade, daß die Stimmmittel der beiden Frauen nicht sattsam ausreichten und von geringem Umfange waren. Indessen thut Jeder nach seinen Kräften, und so spielen sie denn aus voller Seele einmüthig zusammen, und das Ganze geht so gut, daß es für manchen Regisseur unglaub= lich scheinen dürfte.

So kann es nicht fehlen, daß das Passionsspiel zur Kräf= tigung des Gemeinsinnes außerordentlich beiträgt, welchem neben der religiösen Weihe eigentlich die lange Dauer und die vorzüg= liche Aufführung desselben zuzuschreiben ist. Aber außer der gemeinsamen Ehre, dem gemeinsamen Vortheile von dem Spiele und der gemeinsamen Freude an demselben gibt diese Angele= genheit dem sonst stillen Dorfe auch ein ganz eigenthümliches fri= scheres Leben. Wie der Grieche nach Olympiaden, so rechnet der Am= mergauer nach „Passionsjahren." Von einem Passionsjahre, in dem die Spiele abgehalten werden, bis zum anderen, — welche Erwartun= gen, Vorbereitungen und Bestrebungen! Welch' einen schönen, höhe= ren Zweck haben diese Menschen vor Augen, der ihrem ganzen übri= gen Leben einen süßen Reiz verleiht! Und welche Festweihe während der fünf Monate, wo nur das Spiel jeden Einzelnen und das gemeinsame Ganze beherrscht und seine Wurzeln und Zweige bis in die letzte Hütte ausdehnt! Wie viele Proben und

Vorübungen gehören dazu, um Landleute für diese acht Stunden dauernde Vorstellung bis zu einer solchen Vollendung einzuüben! Mehrfach ist der aus dem Spiele fließende Gewinn als der eigentliche Beweggrund dazu genannt worden; allein mit vollem Unrecht. Es ist allerdings wahr, daß ein Theil der großen Einnahme verwendet wird, um wie billig für die unzähligen versäumten Arbeitsstunden zu entschädigen, und daß dies auch manchen Familien eine hübsche Anzahl Gulden gebracht hat; jedoch ist zu bedenken, daß dann vielleicht zehn Köpfe aus der Familie beim Spiele beschäftigt waren, und daß auch die kleinen Kinder schon für Holzschnitzarbeiten verwendet werden, wie der Besuch des Dorfes auf den ersten Blick zeigt, indem alte Mütterchen sowohl wie kleine Kinder mit Anstreichen, Trocknen u. s. w. der Gegenstände sich befassen. Eine solche Entschädigung wird also immer als sehr gering angesehen werden müssen.

Die Hauptsumme, die vom Erlös nach Bestreitung der sehr bedeutenden Unkosten für Costüme, Dekorationen übrig bleibt, wird für Gemeindezwecke, für Schulen und milde Stiftungen bestimmt.

Im Jahre 1850 betrug die Gesammteinnahme 24000 Gulden.

Diese Summe wurde in nachstehender Weise vertheilt:

a) Kosten für Herstellung des Theaters, für Garderobe, Malerei, musikalische Instrumente rc. . 7500 fl.,
b) zu gemeinnützigen Zwecken . . . . . . 6500 fl.,
c) die mitwirkenden Personen erhielten   10000 fl.,
                    Summa 24000 fl.

Der bei der Vertheilung bedachten mitwirkenden Personen waren 464.

Die Honorarienvertheilung an die erwachsenen Personen geschah nach sechs Klassen. Von den in die erste Klasse eingereihten Personen erhielt jede 80 fl.; in der zweiten jede 50 fl.; in der dritten 40 fl.; in der vierten 30 fl.; in der fünften 22 fl.; in der sechsten 15 fl. Jeder bei dem Passionsspiele betheiligte Feiertagsschüler erhielt 9 fl.; jedes solche Werktagsschulkind oder noch jüngere Kind 6 fl. [1]

---

1) Bericht über das Passionsspiel zu Oberammergau im Jahre

In dem genannten Jahre fanden vierzehn Vorstellungen
statt; sollte man dieses geringe Honorar den Leuten nicht gönnen,
das zugleich eine Aufmunterung für die Zukunft ist!
Die Verwendung der zu gemeinnützigen Zwecken bestimmten
Summen geschah:

a) Zur Ablösung des Bodenzinses von den Ge=
meindewaldungen . . . . 3350 fl.,
b) zur Eindämmung und Regelung der Laine
(eines Bergwassers) . . . . 500 fl.,
c) zum Armenfond . . . . 1000 fl.,
d) zur Anschaffung von Kircheneinrichtung . . 600 fl.,
e) zum Schulfond . . . . 550 fl.,
f) zur Reparatur des Schulhauses . . . . . 200 fl.,
g) zum Zeichnungsfond . . . . 300 fl.,

Summa 6500 fl.

Im Jahre 1860 betrug die Gesammteinnahme von etwa
60000 Besuchern 54000 fl. Diese Summe erhielt folgende
Verwendung:

a) Garderobe und Baueinrichtung . . . . . 14000 fl.,
b) ausgeliehenes Kapital . . . . 12000 fl.[1]),
c) Aufbesserung des Armenfonds . . . . . 1000 fl.,
d) „ des Zeichnungsfonds . . . 1000 fl.,
e) „ der Hilfsversorgungs=Anstalt . 1000 fl.,
f) Renovirung der Kirche und des Gottesackers 2000 fl.,
g) Wasserbauten . . . . 3000 fl.,
h) Honorar . . . . 20000 fl.,

Summa 54000 fl.

Bemerkt sei noch, daß im vorigen Passionsjahre einund=
zwanzigmal gespielt wurde. Die Honorarvertheilung geschah in
sehr ausgedehnter Weise, so daß verhältnißmäßig eine sehr be=
scheidene Guldenzahl auf den Einzelnen traf. Wie mir versi=
chert wurde, war die höchste Prämie 120 fl. Was ist das für
so große Mühe, für so viele geopferte Zeit! —

1850 v. Joh. Al. Daisenberger, Pfarrer und Probecan in Ober=
ammergau. (Bei Deutinger a. a. O. S. 80.)

1) Diese Summe bildet eine Art Hülfskasse und wird an minder=
bemittelte Gemeindeglieder gegen billige Zinsen dargeliehen.

6.

Reise nach Oberammergau.

Wir nehmen den Weg von München aus. „Alle Wege führen nach Rom" — sagt das Sprüchwort, aber nicht alle nach Ammergau. Ist man mit der Bahn bis nach Starnberg gefahren, so bieten sich dort zwei Gelegenheiten zur Weiterfahrt: entweder ein fröhlicher Wanderzug über den Starnberger See oder die Tour über Weilheim, bis wohin jetzt die Eisenbahn gebaut ist. Im Jahre 1860 ging auch eine direkte Stellwagenfahrt von München nach Ammergau, die zwar etwas langweiliger Natur war, aber doch für Leute, welche ihre Zeit und ihr Geld zu berathen haben, sehr empfehlenswerth erschien. Man fuhr in ziemlich hübschen Wägen anständig placirt in München ab, übernachtete wohlversorgt in Murnau, von wo am andern Morgen schon sehr frühe aufgebrochen wurde, um noch vor dem Beginne des Spieles in Oberammergau zu sein. Dabei that man freilich gut, die Billete zum Passionsspiele sich im Voraus zu bestellen, da man sonst leicht Gefahr lief, keines mehr zu bekommen.

War das Spiel vorbei, und hatte man sich um ein wenig Lebensmittel durchgebalgt, so wurde wieder abgefahren, neuerdings in Murnau Nachtlager genommen, und am dritten Tage kam man wieder wohlbehalten in Bayerns Hauptstadt an. Wohl ist dies, wie schon bemerkt, eine etwas prosaische Fahrt; indessen kostete sie auch hin und zurück nur vier Gulden. In diesem Passionsjahre dürfte wohl die nämliche Gelegenheit sich darbieten und gewiß auch von Vielen benützt werden.

Ungleich poetischer, wenn auch mit allerlei Hindernissen und unvorhergesehenen Schwierigkeiten verbunden, ist die Route über den Starnbergersee. Wer derlei Seen noch nicht befahren hat, dem ist diese Tour sehr anzurathen.

Die Fahrt lohnt sich reichlich durch die vielen herrlichen Naturschönheiten, die der See dem Auge bietet. Aeußerten ja schon reich erfahrene Touristen, der Würmsee sei einer der schönsten Punkte der Welt.

Die Fahrt geht an dem linken Seeufer vorüber, an dem idyllischen Schlosse Berg, auf welchem Bayerns jugendlicher König Ludwig II. so gerne weilt, weiter vorbei am heiteren Leoni,

glänzenden Andenkens jener mährchenhaften Gondelfahrt bei Gelegenheit des Künstlerfestes auf der Rottmannshöhe im Jahre
1858; ferner am stillen Ammerland, dem Landsitze des Grafen
und Dichters Franz Pocci, endlich an dem sagenhaften Heinrich
vorüber, bis die Glocke am Ufer von Seeshaupt läutet. Zehn
bis 12 Omnibus und Stellwagen, voraus bestellte Equipagen
und Landchaisen sind bereits vor dem Gasthause aufgefahren,
und nach allem Tumult, Gedränge und Geschrei gelingt es, die
bunte Karavane in Bewegung zu setzen. Drei Stunden sind
keine Kleinigkeit, und daher die ungemeine Hast, dem Dampf-
schiffe zu entkommen und ein Billet zu lösen. Will man diesem
furchtbaren Getümmel entgehen, so ist es besser, man reist einen
Tag eher über diesen wunderschönen See, die die erquickendste
Fernsicht in die Gebirgswelt bietet; denn sonst könnte es Einem
gehen wie jenem jungen Herrn, der gar nicht begreifen konnte,
warum das Halbtausend Menschen so gewaltig dränge, dem
Dampfer zu entkommen; als das Boot geleert war, ging auch
dieser Herr ruhig hinaus, erhielt aber auf der Post keinen Platz
mehr und mußte sich so bequemen, zu Fuße weiter zu wandern.
Nun hatte aber der Herr auf allen Stationen dasselbe Unglück,
weder Roß noch Wagen aufzutreiben, und so trollte er sich denn
unverdrossen weiter und gelangte am Spieltage Morgens drei
Uhr nach Ammergau, wo er überdieß keine Karte mehr erhielt,
weil bereits 3000 Personen vor ihm abgewiesen waren [1]) und
nicht mehr ins Theater kommen konnten. Der Arme stand rath-
los da, durchtränft wie ein Mäuslein und frostklappernd; indessen erwies sich sein Schicksal nicht ganz so untröstlich, da für
den nächsten Tag bereits eine Wiederholung angesagt war. Daher faßte er sich endlich und that, während die Andern draußen
saßen, einen tüchtigen Schlaf, von dem er erst am nächsten Morgen wieder erwachte. In Summa wäre es also sehr räthlich,

---

1) Um jegliches Gedränge zu vermeiden, werden nicht mehr Karten
ausgegeben, als der Raum Zuschauer faßt; indeß mögen sich
die zu spät Gekommenen damit vertrösten, daß das Spiel andern
Tages noch einmal für sie wiederholt wird. Es ist das allerdings keine kleine Aufgabe für die Spielenden; allein der freundliche Ammergauer sagt: „und wenn's auch nur fünfzig wären,
wir spielen noch einmal, man kann doch nicht die Leute umsonst
so weit reisen lassen."

entweder zwei Tage früher zu gehen oder sich Nachtlager und
Karte brieflich zu bestellen, was sich, falls das Schreiben nicht
irgendwo liegen bleibt, als probat empfehlen läßt [1]).

Vor zwanzig Jahren gab es noch keine Eisenbahn an den
Starnbergersee und keinen Dampfer darauf. Der alte schilfbär=
tige Seegott träumte behaglich von seinen Sturm= und Drang=
jahren, als erratische Blöcke, in Eis einballirt, über seine Flu=
then schwammen; er gedachte mit Wehmuth der unschuldigen
Jugend, als weiße Frauen ihm goldgehörnte Kühe schlachteten
und von seiner grünen Insel, seinem heiligen Altar, hinabsand=
ten in die kühle Fluth. Später hörte das Ding allgemein auf,
er wußte nicht warum, es kamen andere Männer auf den Ein=
bäumen gefahren, die ihn wenig mehr respektirten, und nur ein=
mal noch, als die große Flotte, die phantastischen Schiffe und
Segelwerke, wie der von italienischen Meistern gezimmerte Buc=

---

1) Manchen Besuchern des Passionsspieles, welche sonst keine Adresse
in Oberammergau kennen, dürfte es willkommen sein, folgende
freundliche Namen zu erfahren, welche auf vorausgegangene
schriftliche Bestellung recht gerne für Unterkunft und Billet Sorge
tragen werden:

Dallinger, Sebastian, Glasermeister;
Dedler, Franz, Schnitzler;
Flunger, Tobias, Zeichnungslehrer;
Frank, Johann, Schmiedmeister;
Gestl, Katharina, Krämerswittwe;
Heiserer, Anton, Schnitzler;
Hochenleitter, Gustav, Krämer;
Korntheuer, Joseph, Schnitzler;
Lang, Frz P., Hafnermeister;
Lang, Andr. sen., Schnitzler;
Lang, Johann, Handelsmann;
Lang, Joseph, Schreiner;
Lang, Marie, Posthalterswittwe und Verlegerin;
Lang, Martin, Schnitzler;
Lechner, Gregor, Schnitzler;
Lechner, Johann, Schnitzler;
Nuß, Johann, Bäckermeister;
Schwieghammer, Anselm, Schnitzler;
Spensberger, Kajetan, Mechaniker;
Steinbacher, Franz, Färbermeister;
Veit, Vinzenz, Schnitzwaarenhändler;
Zwink, Matthäus, Maler.

centauro und viele andere bunte Gondeln mit Trompeten und Pauken, Mohrenweibern und Affen durch seine Wasser strichen, glaubte er, die alten Tage kämen wieder; aber auch das ging vorbei, und es blieb lange Zeit still und öde und vergessen, bis endlich die Städter kamen und die blauen Wasser wieder entdeckten und die Maler See und Land unsicher machten und zuletzt ein großer Drache mit Böllerschüssen und leidigem Glocken= gebimmel dampfend darüber schnaubte. Nun fliegt Alles in Eile dahin und selbst das märchenübersponnene Mühlthal erhält kaum mehr als einen flüchtigen Einblick.

Ist man zu Seeshaupt in die hohläugigen Stellwagen und Titularpostomnibus, die mit todtraurigen Pferdegerippen be= spannt sind, eingezwängt, so rädert man vorbei an der neun= zähligen Gruppe von Seen, die ruhig darauf warten, sich mit den blauäugigen Wassern zu vereinigen. Sie sind die Ueberreste des großen Meeres, das einst von „Herzogenstand" und der „Benediktenwand" auswanderte und theils in die Isar hinüber, theils in das tiefere Thalland vor sich weiterzog, um an dem Hügellande vor Starnberg wieder zur besonnenen Ruhe zu kom= men. Der hochgelegene Wallersee, der seither noch als ein un= ruhiger Gesell übelbeleumundeten Nachruf genießt, hatte das Kapital dazu hergegeben; der schilfige Kochelsee ist der bankerotte Rest der großen Fluth und die kleinen sogenannten Seen sind auf der Wasserstraße stehen gebliebene Lachen. Die freundliche Habacher Höhe kann als eine Miniaturcopie des in duftiger Ferne aufgeblähten Peißenberges gelten, der fast verächtlich hinüberlugt; von da geht es vorüber an dem bescheidenen Riegsee nach dem ersehnten Murnau, das beinahe wie Tölz, nur an einem etwas sanfteren Abhange hinabgebaut, häufig das traurige Loos hatte, vom Feuer heimgesucht zu werden; aber immer erhob es sich wieder aus dem Schutte und verjüngte sich theilweise sogar mit einem Anflug von stattlicher Gothik. Der Markt hat ein vor= nehmes Rathhaus mit dem sagenhaften Lindwurm im Wappen, wie denn die Sage hier fest angeschichtet und durch das Gestein der Geschichte ihre Wurzeln getrieben hat.

Will man nicht über den See fahren, sondern schneller an sein Ziel kommen, so benützt man die Eisenbahn, welche von Starnberg direkt weiter geht bis Weilheim oder Peißen= berg. An beide Stationen schließen Fuhrwerke an, die wäh= rend des Passionsjahres gewiß sehr zahlreich sich einfinden wer=

ben. Auf dieser geflügelten Route möge man es nicht verabsäumen, fleißig zum Coupé-Fenster hinauszuschauen, da sich dem Auge die herrlichsten Gebirgsgegenden in mannigfacher Form darbieten und das Gemüth in eine hehre Stimmung versetzen.

Die Omnibusfahrt sowohl von Weilheim als Peißenberg aus geht über Murnau und Eschenlohe nach Oberau. Ist in Murnau einige Zeit zum Aufenthalte, so bequemt man sich zu einem kleinen Spaziergange, etwa auf die lindenbepflanzte Höhe, die einen neuen überraschenden Anblick in die Gebirgslandschaft gewährt; oder man zieht sich an den nahen Staffelsee, der in seinen Windungen Buchten und Inseln einen gar idyllischen Anblick gewährt. Die Geschichte seiner Inseln steigt in graue Urzeit. Schon die Römer haben hier gehaust undden heutigen Besitzern manch Häselein numismatischen Raritäten verehrt. In der vorkarolingischen Periode siedelte sich eine Anzahl frommer Nonnen um ein Michaelskirchlein an; später, in den Tagen des großen Karl, war' das Kloster schon wohlhabend geworden und ein zufällig noch erhaltenes kaiserliches Visitationsprotokoll enthält eine überraschende Menge kostbarer Gefäße, kirchlicher Kleinode und feiner Paramente. Fünf goldene, mit Perlen und Krystallen verzierte Reliquienschreine werden aufgezählt, von denen einer sogar in das durch Baron v. Aretin gegründete Wittelsbacher Museum sich geflüchtet zu haben scheint, schwere Platten und Becken von edlem Metall, funkelnde Geschmeide, zwei gehenkelte Kelche fanden sich allda; schwere Rauchfässer, von denen eines schon im Jahre 812 als Antiquität zurückgestellt war, goldene Glöcklein, eine gestickte Dalmatika, sechs Alben, dreizehn seidengesteppte Linnen, acht Altartücher und zwanzig seidene Altarzierden stehen verzeichnet, vier perlenbenähte Handschuhe, ein feines Kissen und sogar zwei Federn — für die damals noch sehr seltene Schreibkunst — werden ausdrücklich erwähnt. Selbst ein bischöflicher Stuhl ist hier gestanden, auf welchem St. Sintbert, ehe er von Neuburg nach Augsburg übersiedelte, saß. Als aber darauf die Heuschreckenzüge der schwarzgelben Männer mit den stumpfen Nasen kamen, sank Alles in Schutt und Asche. Mit ihren kleinen Pferden schwammen sie dadurch den kleinen See auf das Eiland, machten die Menschen nieder, die sich von ringsum dahin geflüchtet hatten und legten Feuer und Brand an die heilige Stätte.

Ein Theil der Insel heißt noch das Beinfeld und die massen-

haften Knochenfunde bestätigen nur zu sehr die grausenhafte
Sage. Noch jetzt — wird erzählt — reitet bisweilen ein kopf=
loser schwarzer Reiter während des Avemariagebetes über den
See. Auf der anderen Insel spukt der Sage nach ein weißes,
böswilliges Seefräulein, das oftmals schon Manchen, der nächtli=
cher Weile gondelte, in die Irre trieb ¹).

Von Murnau geht es in lustigem Trabe die Ebene hinun=
ter entgegen dem großartigen Gebirgspanorama, welches in sei=
ner ganzen Majestät den Horizont von Osten bis Westen er=
füllt. Nach einer Stunde wird Eschenlohe erreicht, das erste
Dorf im eigentlichen Gebirge. Wie ein riesiges Setzstück schiebt
sich hier ein bewaldeter Berg hinter uns vor die Ebene, und
die Thallandschaft ist geschlossen. Rechts und links begrenzen
hohe Gebirge — über der Vegetationsgrenze den nackten Felsen=
kamm — den Blick. In dem wiesenreichen Thale selbst rauscht
die wilde Loisach. Die weite Aussicht nach Süden schließt, in
Duft verschwimmend, das majestätische Gebirge der Zugspitze.
Ob der Großartigkeit und Schönheit dieses Anblickes haben sich von
jeher daselbst Landschafter eingefunden, und es ist kaum ein Punkt
geblieben, den unsere Maler der künstlerischen Betrachtung nicht
werth befunden hätten, und selbst ein Bildhauer, der selige Konrad
Eberhard, trug sich seiner Zeit einmal mit der riesigen Idee,
das „Ettaler Mannel", diesen kolossalen Wolkenbrecher und
Wettermacher, in ein weithin leuchtendes Madonnenbild umzu=
meißeln.

Ist man in dem nahen Oberau, wo ein recht freundliches
und im Innern durch mancherlei Holzschnitzwerk geziertes Gasthaus
mit eben so freundlichen Wirthsleuten Ruhe und Labung bietet,
angekommen, so ändert sich nicht nur der Gesichtskreis, sondern
auch das Beförderungsmittel. Bis hierher war die Tour noch
eine Vergnügungspartie; man konnte doch fahren. Nun aber
wird man an den alten Spruch erinnert: „Die Götter haben vor
alles Schöne den Schweiß gesetzt" — man muß dem Fuhrwerk
„Valet" sagen und auf eigenen Füßen den schweren Weg
über den

Ettaler Berg

hinanklimmen.

---

1) Vgl. Neue Münch. Zeitg. a. a. O. Nr. 156 S. 621 u. 622.

Es ist ein unvergeßlicher Eindruck:

Würziger Waldesduft strömt entgegen, fernher klingelt das Glockengetön alpenweidender Heerden und seitwärts springt uns ein rauschendes Bergwasser entgegen; alles ist üppig und freundlich, und man möchte im Anfange glauben, man sei im tiefen Thüringen oder in der Nähe Eisenachs. Aber schon nach einer viertel Stunde beginnt der Weg zu steigen und zwar größtentheils unter einem Winkel von 45 Grad. So geht es unter prächtigen Bäumen an der steil abfallenden Schlucht wohl eine viertel Stunde fort, bis uns die Kuppel von Ettal[1]) winkt.

Für Damen und verwöhnte Naturen mag dies allerdings eine beschwerliche Partie sein, aber wir sind auf historischem Boden. Also getrost vorwärts! Hier fuhren schon die Römer, die von Verona nach Augsburg zogen; daraus wurde im späteren Mittelalter die Rottstraße der reichen Kaufleute, welche die Produkte des Orients von Italien her nach den Niederlanden und Hanseitädten führten. Hier herauf war dereinst auch Kaiser Ludwig der Baber gezogen, als er im Jahre 1330 aus Italien heimzog, und der in einer holdseligen Sage da fortlebt. Der gute Herr hatte im welschen Lande gar schwere Arbeit gehabt; der lange Aufenthalt mit seinem Heere in der „ewigen Stadt", wo er die Kaiserkrone erhielt, hatte seinen Schatz gelichtet; es fehlte an Allem. Schon schmiedeten die Welschen böse Pläne, ihn jählings zu verderben, und selbst die Treue seiner Mannen fing an zu wanken. Da nahm der Kaiser seine Zuflucht zu Gott, ging in sein einsames Kämmerlein und betete aus Herzensgrunde. Und sieh da! Durch die verschlossene Thüre trat zu ihm eine alte graue Mönchsgestalt und kündete „gute Märe", wie daß er bald wieder wohlgemuthet und flott in sein Reich käme; dafür solle er dann zu unserer lieben Frauen Ehre ein Kirchlein und Kloster bauen und die Väter des hl. Benedikt dahinein berufen; auch gab ihm der Mönch als Wahrzeichen seiner Rede ein klares Marienbild, von seltener Schönheit, das

---

1) Dem Berge Ettal singt Jakob Balde, dessen zweihundertjähriger Todestag am 9. August 1868 besonders zu München und Neuburg a. D. festlich begangen wurde, in einer hübschen Marienode:
„Silva sui circum viret, et comantes imputat umbras."
(Darf man wohl die Uebersetzung wagen:
„Dicht umlocket mit Grün beut rings er waldigen Schatten." — ?)

solle er dort in einer Kirche bewahren. Des andern Tages kam ein mächtiger welscher Herr, der wollte Lehenherrschaft vom Kaiser und gab ihm groß Hab und Gut darum, also daß Kaiser Ludwig hoch gemuthet und fröhlich nach den deutschen Landen fuhr. Wie er nun kam in sein Herzogthum Bayern und hinter Partenkirchen den hohen Steig hinaufritt, da ward das Madonnenbild, das der Kaiser selbst im Arme trug, plötzlich gar schwer, daß er vermeinte, er könne es nit mehr halten; auch fiel sein Rößlein zu dreienmalen auf die vorderen Füße. Daraus vermerkte der Kaiser, wie daß hier eine absonderliche Stelle sein müsse, fragte also, wie die Gegend benannt sei. Da sagt ihm sein Geleitsmann, Meister Heinrich der Vendt, ein Jäger zu Oberammergau, daß die Landschaft Ampferang heiße; und nun erkannte der Kaiser den Platz, so ihm der Mönch zum Bau angewiesen und ward gar fröhlich. Nun ward die Wildniß gereutet und schon am 28. April 1330 kam der Kaiser von München wieder, um mit eigener Hand den ersten Stein in den Grund zu legen. Das Werk stieg rasch empor und war in zwei Jahren beendet, so daß die Ritter und Mönche einzogen daselbst.

Die Regel aber, die der Kaiser selbst den Insassen seines Stiftes gegeben, ist so ungewöhnlicher und seltsamer Art, daß wir dieselben einer nähern Betrachtung unterziehen müssen. Die Zeit des 13. Jahrhunderts, in welcher die größten Dichter sangen, war wohl vorüber, aber ihre Werke waren nicht vergessen, sondern wurden fortgesungen, gelesen und theilweise sogar, wenn auch von untergeordneten Geistern nachgedichtet oder vollendet. So hatte Wolfram von Eschenbach ein unvollendetes Gedicht, den „Titurel“, der da sagt vom heiligen Grale und seiner heiligen Burg Monsalvasch, hinterlassen, welches Albrecht von Scharfenberg, ein bayerischer Ritter, der auch in Steiermark begütert war, neu aufnahm und in seiner Weise und nach seinen Kräften zu Ende brachte, obwohl nicht ohne Auftrag des Kaisers Ludwig, dessen Tod der Dichter noch vor Beendigung seines Werkes bitter zu beklagen hatte. Was lag nun näher, da der Kaiser so in die großartigen Pläne Wolframs von Eschenbach eingeweiht war, alsder Gedanke, ein geistliches Ritterthum ins Leben zu rufen, selbst ein Monsalvasch mit Templeisen und Gralrittern zu bauen. Und daß der Kaiser diese Idee, so weit sie ihm ausführbar schien, auch versuchte, dafür ist die Regel

ein Beleg, die den Insassen des Stiftes Ettal vorgeschrieben
wurde, noch mehr aber der Bau selbst, der obwohl von der Renaissance hart mitgenommen, in seiner Grundlage doch deutlich vor
uns steht. Die angebliche Verschönerung des vorigen Jahrhunderts
hielt sich an das alte Vorbild; sie durchbrach nur die alte Rotunde und
schob eine neue hinein, die Meister Koller mit seiner farbenpräch-
tigen Kunst bemalte. So entstand diese seltsame und fast unerklärliche
Form. Kaiser Ludwig hat den in der grandiosen Phantasie
eines unvergleichlichen Dichters entsprungenen Plan einer Rotunde
mit 72 Chören auf 12 reduzirt und die Umgänge des Tempels,
der Kreuzgang mit seinem schlanken, gothischen Rippenwerk und
den spitzen stumpfen und rechten Winkeln im Grundriß zeigen
deutlich noch die Zwölfzahl der Chorkapellen des Tempels, den
sie umschließen; auch das ganz richtig auf der Südseite stehende
gothische Thürmchen stammt noch aus der ersten Zeit, und seine
Fensterbogen, wie auch die Gurtungen im untersten Stocke beweisen unumstößlich seinen Ursprung. Im Jahre 1744 brachte
ein Brand dem Kloster großen Schaden bei. Die Renaissance
zog nun in ihrer wohlmeinenden Verbesserung um die alten
Kreuzgänge eine neue Façade, die aber, wie zur Strafe, unvoll-
endet blieb, da im Jahre 1802 der Donnerschlag der Säkulari-
sation mitten in die Restauration fuhr und Alles unterbrach, so
daß das Ganze jetzt fast den Eindruck eines durch ein Erdbeben
oder einen Brand getroffenen Gebäudes macht.

Die Deckengemälde, die, wie schon erwähnt, von dem Tyroler Martin Koller aus dem Jahre 1779 stammen, können
durch ihren Figurenreichthum, ihre fabelhaften Verkürzungen und
blendende Farbenpracht als hervorragende Muster jenes Zopf-
stiles gelten, dessen Einbildungskraft in künstlerischer Formen-
trunkenheit bestand und alles vermengte. Desto bewunderungs-
würdiger ist die Sicherheit und Kühnheit der Technik und die
Frische des Colorits. Von Schnitzereien, Vergoldungen und
Stukkaturen ist die Kirche förmlich überladen. Ueber den Altä-
ren sind in vergitterten Nischen die Leiber von Heiligen in voller
Pracht ihres Ornates zu schauen.

Das Stift bestand aus zwanzig Mönchen von dem Orden
des hl. Benedikt, worunter einige Priester waren, und aus dreizehn Rittern, die unter einem aus ihrer Mitte gewählten Meister
standen. War auf Montsalvasch nur dem Gralkönig gestattet,

verehelicht zu leben, so erlaubte Kaiser Ludwig allen seinen Rit=
tern die Ehe; doch hatten sie allerlei strenge Verpflichtungen und
Vorschriften, die unverbrüchlich gehalten werden mußten. Leider
bestand diese wirklich einzige Ordnung des Stiftes Ettal nur
so lange, als Ludwig lebte, der selbst hier gerne ab= und zuging
und selbst im Jahre seines Todes noch auf Besuch dagewesen
war. Nach seinem Tode ging das Ritterstift ein, seine eigenen
Söhne entzogen die Güter, die Ritter mußten weichen und nur
die Benediktiner blieben; ja selbst der Wunsch und die Bitte
des Stifters, hier begraben zu werden, erfüllte sich nicht.

Die Glanzpunkte der Kirche sind indessen das wunderbare
Muttergottesbild und die berühmte Orgel von Ettal.

Das Gnadenbild,

das, wie oben erwähnt, der Kaiser auf so geheimnißvolle Weise
erhalten und zu Roß eigenhändig aus Italien getragen, steht
in großen Ehren. Von weit und breit kommen fromme Wall=
fahrer, dort zu beten, die hl. Sakramente zu empfangen, ihre
Gelübde zu lösen, das wundersame Bild zu schauen und vor
ihm ihre Anliegen dem großen Gott und der Fürbitte der hl.
Jungfrau und Gottesmutter Maria zu empfehlen. Das Bild ist groß
angelegt und anmuthig[1]). Die Madonna ist sitzend dargestellt, weit
zurückgebeugt, wie in dem englischen Gruß des Don Lorenzo
Monaco, mit der rechten Hand hält sie ihren Mantel, der sanft
über den Rücken unter dem Arme durch, über den Schooß sich
breitet, mit der linken Hand umfängt sie das göttliche Kind,
das auf ihrem linken Knie steht und seine Händchen spielend
und liebvoll verlangend gegen die Mutter breitet; die Haare
zeigen von ursprünglicher Vergoldung, Augen und Mund sind
leicht bemalt. Als die Truppen des Churfürsten Moritz von
Sachsen im Jahre 1552 einen räuberischen Einfall auch in diese
heilige und stille Waldeinsamkeit machten und die Kirche nahezu
demolirten, wurde das Bild schwer beschädigt. Später suchte

---

1) Nach dem Urtheile des Dr. Nagler ist das Bild ein vortreff=
liches Kunstwerk aus der Schule des Bildhauers Andrea Pi=
sano († 1345), der unter Giotto's unmittelbarem Einfluß
arbeitete, aus weißem orientalischen Porphyr gemeißelt und un=
gefähr 25 Pfund schwer.

Maria Anna, die Tochter Kaiser Ferdinand des II., die Ge=
mahlin des baverischen Churfürsten Maximilian des I., den
Schaden zu sühnen und stiftete dem Kinde ein Röcklein und
der Madonna ein Krägelchen aus gewundenem Goldbraht und
Perlen [1]).

Die Orgel

nennt Eduard Devrient [2]) ein wohlthuendes Werkzeug, das
seine Gewalt über die Seele in ganzer und überwältigender
Wirkung übt. Vor ihren großen Klangeffekten treten alle an=
dern musikalischen Wirkungen zurück. Da ist Nichts zu hören
von dem schrillenden, nervenerschütternden Tonansatz, welcher bei
angezogenen vollen Registern uns das Anhören der Orgelmusik
oft kaum überwinden läßt, nein, weich und flüssig strömen die
Tonwellen hervor, und dennoch mit so ungeheurer Macht und
Fülle, daß es ist, als ob die Kuppel bärste und Gott der Herr
mit allen Donnern herniederführe, um in ihnen Nichts als Er=
barmen zu verkünden. Man meint bei den sanften Zügen die
Stimmen der Seligen zu vernehmen, die von dem ewigen Ent=
zücken singen, während die tiefen Töne dazu, wie die fern don=
nernde Stimme des Ewigen, unsere Seele erinnern, daß sein
Wink Welten schaffen und vernichten kann. Diese Wirkung, die
sich auch auf die trägsten Gemüther geltend machen muß, kann
uns allein schon die ausharrende fromme Begeisterung zu un=
gewöhnlichen Unternehmungen bei einer Gemeinde begreiflich
machen, die, wie die Ammergauer, die Töne dieser Orgel so
oft vernimmt, als sie in hergebrachter Weise das Ettaler Gna=
denbild besucht.

Die Töne, deren Stärke und Vollheit in der 250′ hohen
Kuppel austönen, haben überdieß einen siebenfachen Widerklang.
Schade, daß diese herrliche Orgel nicht mehr nach dem Willen
des kaiserlichen Stifters den Chorgesang der frommen Benedik=
tiner und Grabritter begleitet! Zwanzig Priester verherrlichten
400 Jahre lang den Gottesdienst Tag und Nacht. Jetzt wird
er von einem Weltgeistlichen — Pfarrer — besorgt. Kein Be=

---

1) Vgl. Neue Münchner Zeitung a. a. O. Nr. 157 S. 625 und
   626; Illustr. Zeitung a. a O. Nr. 895 S. 124 und 126.
2) a. a. O. S. 2.

nediktiner lebt mehr. Das Kloster steht öde und traurig[1]) —
ein Bild der Vergänglichkeit und ein Monument verschiedener
Entwicklung menschlicher Kraft, je nachdem sie baut oder nieder-
reißt. Ringsum liegen die Kapitäle am Boden, von zwei Thür-
men steht nur noch einer, in den Nischen fehlen hie und da
Statuen, und diese Trümmer und diese Lücken scheinen dem Beschauer einen wehemüthigen Hilferuf nach Erlösung und Vollendung zuzuflüstern.

Tritt man aus den Pforten des Klosters heraus, so heftet
sich der Blick auf die mächtige, furchtbar steile Wand des Kofels, die ernst und drohend niederschaut und an deren schauer-
lichen Höhen sich der Blick kaum zu weilen getraut, weil schon
der Gedanke, daß irgend da oben ein Mensch stehen könnte,
schaudererregend ist. Nur sparsam sind diese Klippen und Felsenwände hie und da mit kleinem Strauchwerk überkleidet, durch
welches die schroffen Linien der Wände stellenweis gemildert erscheinen; dafür aber ist die Thalfläche selbst mit einem lieblichen
Grün überzogen und die Berge rechts und links zeigen die sanften Wellenlinien frischer Buchen- und Ahornwälder, über welche
die dunkeln Spitzen der Tannen sich erheben, und versöhnen den
scharfen Gegensatz zwischen den rauhen Felsen und dem sanft
grünenden Thale durch die weichen, milden Umrisse ihrer Formen, die allmählig in schärfere und großartigere übergehen[1]).
Weithin dehnt zur linken Seite des Kofels das Graswangthal
sich aus, und wer zum ersten Male die Straße von Ettal her
wandelt, der denkt nicht anders, als daß der Weg ihn durch
dieses schöne, ruhige Thal führen werde, bis dieser plötzlich rechts
um die Felsen sich wendet und den Ausblick in ein breiteres,
nach Westen hin scheinbar mit der Ebene zusammenhängendes
Thal eröffnet, über etliche stattliche Dörfer hin, so daß man fast

---

1) Die Klostergebäulichkeiten sind jetzt zu einer großartigen Bräuerei
   eingerichtet und gehören dem Grafen Pappenheim.
2) Drängt die Zeit nicht, so dürfte es sich wohl der Mühe lohnen,
   das „Ettaler Mannl" zu besteigen. Man genießt da eine
   schöne Fernsicht. Bei klarem Wetter zeigen sich die Frauen-
   thürme von München und die Gegend von Freising; man sieht
   den Ammersee, Starnbergersee, Staffelsee und Riegsee sowie
   auch die Städte Weilheim und Murnau mit den freundlichsten
   Gebirgslandschaften.

bedauert, diese einfach erhabene Gegend der Berge wieder ver=
lassen zu müssen.

Bald aber entschwindet diese Furcht, denn Ammergau selbst
erscheint unmittelbar am Fuße des schroffen Kofels in einem
zwar etwas breiteren, aber immer noch ringsum von Bergen
eingeschlossenen Thalgrunde, der die ganze Ruhe und Majestät
der schönen Gebirgsgegenden des bayerischen Oberlandes sich
bewahrt und mit den sanfteren Formen der Ebene sich vereinigt.
Der Eindruck, den diese ganze großartige Natur auf das Ge=
müth macht, die den Beschauer gleichsam von der ganzen übri=
gen Welt abschließt und die Erwartung des Erhabenen in ihm
weckt und wie in eine ganz besondere durch ihre eigene Größe
und Schönheit sich selbst genügende Welt ihn versetzt, stimmt
feierlich und gehört so zu sagen mit zu der Vorstellung; denn
gar viel hängt immer von der Stimmung ab, in welcher wir
irgend etwas unserem Auge vorgeführt sehen, und wenn das
Gemüth nicht zuvor für irgend einen Eindruck empfänglich ge=
macht ist, so wird derselbe einen großen Theil seiner Macht ver=
lieren. So wird die Seele durch Alles, was sie um sich sieht,
ernst und weich und zum Anschauen und Aufnehmen ernster,
großer Handlungen vorbereitet.

Will man von Ammergau nicht über München retour, son=
dern einen andern Weg einschlagen, so wäre die Route über
Reute anzurathen. Dieselbe bietet viel Interessantes. — Von
Ammergau führt der Weg über Graswang, welches ob des
herrlichen Graswuchses mit Recht diesen Namen hat; weiter
geht es zwischen steilen Bergen, die von dem Geläute der Al=
penheerden widertönen, nach dem Forstbradl beim Linderhof.
Von da ist noch eine Stunde auf den Brunnenkopf, der mit
einem königlichen Jagdschlosse geziert ist und eine hübsche Fern=
sicht bietet. Von Linderhof bis Reutte — etwa fünf Wegstun=
den — befindet man sich in der tiefsten Alpenwelt. Zur Linken
hat man die Kernspitze, das Gems=Angerl, den Schwarzenkopf,
Altenberg, Zwieselberg ꝛc.; zur Rechten den Brunnenkopf, den
Schönberg, die hohe Blase, den Zwergberg, Spiesberg u. s. w.,
bis man endlich auf österreichisches Gebiet und an den Plansee
kommt. Der Plansee ist bei sehr verschiedener Breite etwa $\frac{3}{4}$
Stunden lang, sein Wasser bietet je nach der Abdachung der
Felsenwände ein schönes Farbenspiel; der Abfluß bildet die Ach
mit dem sogenannten Stülpelfall. Beim Plansee steht ein k. k.

Zollhaus, in welchem man einige Zeit ausruhen und eine Er=
frischung zu sich nehmen kann. Nicht weit von da, hart an
dem See und der Straße ist auch der bei den Gebirgsleuten
oft genannte Kaiserbrunnen. Derselbe trägt die Inschrift: „Dem
Andenken Ludwigs des Bayern von Max II. ge=
weiht".

Ist man endlich über Breitwang in Reutte angelangt, so
geht einerseits von da Postverbindung über Lermos nach Inns=
bruck, anderseits hat man nur noch anderthalb Stunden nach
Hohenschwangau, dem herrlichen Schlosse des bayerischen Königs=
hauses. Es liegt wunderschön, und nur wenn man dort ist,
begreift man, warum die allerhöchsten Herrschaften so gerne da=
selbst weilen. Auf einem Marmorblock erbaut, trägt es an sei=
nem Hauptthore die Inschrift: „Hohenschwangau zum Schwan=
stein erbaut von den Edlen von Schongau im zwölften Jahr=
hundert, wieder hergestellt von dem Kronprinzen Maximilian
von Bayern im Jahre des Herrn 1836. Ausgeführt durch
Dominikus Quaglia". — Unter dem Thore steht als Em=
pfangsgruß:

„Willkommen, Wandrer, holde Frauen!
 Die Sorgen gebt dahin!
Laßt euere Seele sich vertrauen
 Der Dichtung heiterem Sinn".

Vor dem Schlosse liegt der Alpsee, der gleichsam eifersüchtig
bewacht wird von den prächtigen Bergspitzen: Säuling, Kern=
spitz, Hellenspitz, Schlicker. Von Schwangau ist nur eine kurze
Wegstrecke auf die „Jugend" und zur „Marienbrücke", von der
aus 500 Fuß bis zur Tiefe sind, in welcher ein rauschender
Wasserfall das Auge schwindeln macht. Von der Marienbrücke
ist noch etwa eine Stunde auf den „Deckl", der eine schöne
Fernsicht in's Lechthal bis hinüber zur Höhe des Aubergs bietet.

Von Hohenschwangau führt ein angenehmer Weg über
Füssen, Pfronten, Nesselwang nach Kempten, wo wiederum die
Eisenbahn den Reisenden aufnimmt, um ihn nach Augsburg
oder an den Bodensee weiter zu bringen.

7.

Oberammergau am Vorabende und Morgen des Paſſionsſpieles.

Oberammergau iſt ein großes Pfarrdorf, zur Erzbiözöſe München gehörig und dem kgl. Bezirksamte Werdenfels in Ober=bayern zugetheilt. Das Dorf zählt 217 Häuſer=Nummern mit Gemeinderechten und etwa 1100 Seelen. Die Pfarrei wird von einem Pfarrer und einem Hilfsgeiſtlichen paſtorirt. Der Ort dehnt ſich lang hin an der Ammer. Die zierlichen Ge=birgshäuſer, unter dem Namen Schweizerhäuſer einem Jeden, wenn auch vielleicht nur durch Abbildungen bekannt, mit den flachen überragenden Schindeldächern, weißen Wänden von Außen, die mit Bildern der Mutter Gottes oder aus der bibliſchen Ge=ſchichte bemalt ſind, meiſtens von kleinen Gärten umgeben, ſehen recht freundlich und einladend aus. Am Vorabende eines Spiel=tages hat das ſonſt ziemlich ruhige Dorf ein eigenthümliches Ausſehen. Man glaubt ſich durch den Einzug der Fremden in die primäre Zeit der Völkerwanderung zurückverſetzt. Die Lech=thaler kamen heute zuerſt in Maſſe; ihnen folgten arme Schwa=ben, baarfuß und die Schuhe in den Händen tragend; darauf ſtrömt eine Dachauer Colonie, auch ſtattliche Mannen aus der Jachenau und von Lenggries, blaue praktiſche Regenmäntel auf=geſtülpt und mächtige Regenſchirme ſchleppend, in Haufen oder in längeren Zeilen hinter einander; viele haben in Ettal zuvor gebeichtet und communicirt und ziehen, ganz nach der Latention der Paſſionsſtifter betend ein; ſo vorbereitet wird ihnen das Spiel, eine wahrhaft religiöſe Handlung, Gottesdienſt. Darun=ter erſcheinen die Münchener, erſt vereinzelte Plänkler, maleriſch mit Shawls engliſirt, dann wie Auswanderer, in langen Stell=wagenzügen, von dem Einſpänner und der Landkutſche an bis zur Extrapoſt mit vollgepfropften Leiterwägen. Und mitten in den ziehenden Menſchenknäuel fällt die harmloſe Heimkehr der Heerde, die almeriſch klingend als vollzähliges Halbtauſend auf=marſchirt, einige Prachtexemplare blumengeziert und abgeſehen von etwaigen Scheingefechten und brüllenden Wortwechseleien gut humoriſirt, immer wieder durchſpickt mit pilgernden Men=ſchen und verheißungsreichen Bierwägen, deren kühlende Laſt die angekommenen Gäſte erquicken ſoll. Daran ſchließt ſich eine Truppe leichtfüßiger Botaniker, meckernder Geißen, worauf neuerdings müde Stellwagen mit melancholischen Pferden folgen, an denen ein vierspänniger Glaswagen vornehm vorbeirasselt; dazwischen wälzen sich neue Menschenknäuel, die Leute aus dem bayerischen Wald und dem reichen Niederbayern, aus Franken und der Pfalz, behäbige Bauern und wahre Landedelleute, patrizierstolz, mit schönen blauen Tuchröcken und buntgestreifte, weiße Wolldecken darüber. Zum freudigen Willkommen krachen die Böller, auf einigen Höhen erheben sich Freudenfeuer, eine dreißig Mann starke Musikbande zieht schmetternd in Festklängen durch das Dorf, dessen mittlerer Platz einer germanischen Wagenburg gleicht, als wäre ein ganzes Volk auf dem Wanderzuge über die Alpen. In den Gasthöfen, Wirthshäusern und Herbergen ist's lebendig und es surrt und summt durcheinander in allen Dialekten. Hat man sein Billet beschafft, den bekannten Schwabenwirth oder eine andere Schenke aufgesucht und zu einem Imbiß ein Glas Bier getrunken, so dankt man Gott, wenn man aus dem bier- und speisebedürftigen Menschenknäuel sich wieder herausgewickelt hat.

Auf allen Gesichtern der Dorfbewohner, im bunten Durcheinander der Gäste, überall wo man hinsieht, kündigt sich das wunderbare Fest an. Hier und da erblickt man in den Häusern ein buntes Theaterkostüm, manches Stück wird noch eilig über die Straße getragen, und allerorten zeigt es sich, daß Jung und Alt auf den kommenden Tag sich rüstet. Je mehr Fremde kommen, desto lieber ist es den Oberammergauern, von denen die Gäste ungemein freundlich aufgenommen und möglichst gut, gegen wahrhaft geringe Bezahlung, beherbergt werden, so weit der Vorrath an Zimmern und Zimmerchen, Betten und Bettchen reicht. Durch den Besuch der Fremden sehen die Ammergauer sich und ihr „G'spiel" sehr geehrt. Daher die Aufnahme überall dort, als käme man zu Verwandten. Wie freundlich man indessen von Allen im Hause begrüßt wird, so kann man doch gar Manchem eine ängstliche Spannung gar deutlich anmerken, und mitunter hört man die Frage, ob denn die Herren das „G'spiel" auch nicht gering achten würden! Und diese ängstliche Spannung ist auch sehr begreiflich, da ja Alles vom Greise bis zum kleinsten Kinde seine Rolle hat.

Um 9 Uhr geht der Zapfenstreich und ruft alle Oberammergauer, die bei der Passion betheiligt sind, nach Hause, wäh-

rend die fremden durstigen Seelen noch lange in den Wirth=
schaften, mitunter auch in Sang, sich bemerklich machen, bis end=
lich die Polizeistunde, die auch in Ammergau besteht, fast Alles
zur Ruhe bringt.

Indessen währt die eigentliche Nachtruhe nicht lange, da
mit dem anbrechenden Tage die Vorkommnisse des Abends sich
wiederholen. Schon nach 3 Uhr krachen die Böller und bald
darauf marschirt, indeß alle Wege und Plätze bereits wieder
von zugehenden Fremden wimmeln, ein musikalischer Morgen=
gruß durch das Dorf. Eben so früh beginnt der Gottesdienst
in der mit Andächtigen überfüllten Kirche; Messe an Messe wird
celebrirt, da viele Geistliche anwesend sind; um 6 Uhr wird
das Hochamt, der Gottesdienst für die beim Passionsspiele Be=
theiligten, gehalten, das vom Chore herab mit ziemlich guter
Musik begleitet wird. So geht es fort bis nach sieben Uhr,
und immer ist die Kirche gefüllt, da fast Jeder der Passions=
wallfahrer seine Christenpflicht übt und eine hl. Messe hört. Am
andächtigsten sind bei ihrem Gottesdienste die Ammergauer selbst;
viele von ihnen gehen zur hl. Kommunion, um dadurch desto
inniger auf das religiöse Spiel sich vorzubereiten.

Nach sieben Uhr wird die Kirche geschlossen und das Thea=
ter geöffnet. Schon viel früher aber ist dasselbe von einer zahl=
losen Masse umlagert, die über die hohen Treppen, Brücken und
Eingänge gleich die besten Plätze zu gewinnen hofft, obwohl
von den mittleren Bänken fast jeder gleich gut ist und im Uebri=
gen die Ordner auch nicht die geringste Unordnung zulassen.
Unabsehbar ist die Menschenmenge, welche sich in hastigem Ge=
dränge zu den geöffneten Pforten hereinwälzt und die weiten
Räume schnell mit dem buntesten Menschenteppich überzieht. Es
ist ein belebtes, bewegtes Bild: diese Fülle von Trachten, diese
reiche Charakteristik von Köpfen, diese Musterkarte aus allen
Ländern. Wohl sind die Bergländer und nach diesen die baye=
rischen Provinzen am meisten vertreten, aber es gibt vielleicht
nur wenige Zungen Europa's, die man an einem Ammergauer
Spieltage nicht sprechen hört. Französisch, englisch, italienisch,
klingt gewiß jedesmal zwischen den deutschen Idiomen durch,
und diese werden in den mannigfaltigsten Abstufungen, vom
schrillen Ton des Schwaben bis zum breiten Wortgehäck des
Allgäuers und Tyrolers laut. Stadt und Land, Hoch und
Nieder, Lehr- und Nährstand — Alles sitzt bunt durcheinander,

wie's eben kommt. Die Geistlichen sind besonders stark vertreten. Dort oben in der Loge saßen die vornehmsten Stadt-Damen, gleich neben ihnen hatte die Pelzmütze einer reichen Dachauerin Platz genommen; hier Münchener Herren der Regierung und des Ministeriums, mitten unter ihnen ein lustiger Tyroler, den reichen Strauß von Edelweiß auf dem spitzen Hut. In allen Dialekten summt es nun noch eine Weile fort, man hört es schon, daß 6000 Personen sich bemerklich machen, Viele stärken sich auch noch für die kommenden acht Stunden durch einen mitgebrachten Imbiß oder durch einen Schluck aus dem mit Affenthaler gefüllten „Spitz", bis endlich die Glock acht Uhr schlägt und damit das ersehnte Spiel seinen Anfang nimmt[1]).

II.
Besondere Beschreibung.

Vorspiel.

Der Gottesdienst ist beendigt, die Kirche geschlossen, die drei letzten Böllerschüsse sind gefallen und verkünden den Beginn des Passionsspiels. Noch summt es unter der ungeheuren Menge, die zum Theil ihre Plätze schon eingenommen hat und zum Theil noch einnimmt. Die Musik des Orchesters beginnt und es wird damit allgemach still; Aller Augen sind mit größter Spannung auf die Bühne gerichtet. Da tritt mit einem Male ernst und würdig der Chor auf, die Musik hält inne, der Chorführer kündigt in wenigen aber feierlichen Worten das hl. Drama an, und nun erschallt aus den kräftigen und sichern Stimmen der Schutzgeister der erhabene Prolog:

---

1) Vgl. Neue Münchner Zeitung a. a. O. Nr. 165, S. 658 und Nr. 170 S. 677; ferner: Archiv für Natur, Kunst ꝛc. a. a. O. S. 26; Korresp. von und für Deutschl. a. a. O. Nr. 461 ꝛc.

Wirf zum heiligen Staunen dich nieder,
Von Gottes Fluch gebeugtes Geschlecht!
Friede dir! — Aus Sion Gnade wieder!
Nicht ewig zürnt er,
Der Beleidigte. — Ist sein Zürnen gleich gerecht.
„Ich will", so spricht der Herr,
„Den Tod des Sünders nicht; vergeben
„Will ich ihm; er soll leben!
„Versöhnen wird ihn, selbst meines Sohnes Blut, versöhnen!"
Preis, Anbetung, Freudenthränen, Ewiger Dir! —
Doch, Heiligster, darf der Staub sich unterstehn,
Hin in der Zukunft Heiligthum zu seh'n?
Seht das Geheimniß Gottes, das Opfer dort auf Moria,
Das Opfer — der Versöhnung Bild auf Golgatha!

Indem die zwei letzten Strophen gesungen werden, theilt
sich der Chor in der Mitte, tritt rückwärts nach rechts und
links dem mittleren Theil der Bühne zu, bis er sich in schräger
Linie, ein schiefes Spalier bildend, den Säulen des Mitteltheaters
angeschlossen hat und dadurch den Zuschauern vollen Einblick in den Mittelraum ermöglicht. Nun hebt sich der Vorhang
des Mittelgrundes und man sieht statt handelnder und sprechen-
der Personen zwei unbewegliche Bildergruppen, die zwar von
Menschen dargestellt werden, aber in ihrer unbeweglichen Ruhe
wie zur Betrachtung ausgestellte Gemälde oder plastische Gebilde
erscheinen — es sind lebende Bilder. Auf der einen Seite
Adam und Eva nach dem Sündenfalle, vom Engel aus dem
Paradiese vertrieben, auf der anderen der gehorsame Abraham,
der im Begriffe ist, seinen Sohn Isaak zu opfern. Die Ausführung ist sehr gelungen. Adam und Eva in fliehender Stellung, mit Feigenblättern umwunden, hinter ihnen der Engel mit
dem Flammenschwerte. Im Hintergrunde ist das Paradies, in
welchem Alles zauberhaft prangt und besonders der verbotene,
mit den herrlichsten und reizendsten Früchten beladene Baum,
um den eine Schlange sich windet, in verlockender Weise die
Eßlust rege macht. Das Opfer Isaaks ist so dargestellt: Gebunden an Händen und Füßen liegt Isaak ergeben auf dem
Scheiterhaufen; vor ihm steht in wahrer Patriarchengestalt sein
Vater Abraham und erhebt gerade, obwohl mit Schmerz, doch
entschlossen das Schwert, das indessen von oben herab durch
die Hand eines Engels zurückgehalten wird. Im Hintergrunde

wird der Kopf eines mächtigen Widders, der in Dorngestrüpp verwickelt ist, sichtbar.

Während diese Bilder sich zeigen, singt der Chor:

Seht, so will, der Sünder Schuld zu zahlen,
Wie einst Isaak dort auf Moria,
Gott zum großen Söhnungsopfer fallen
Der Geliebte selbst auf Golgatha.

Der Vorhang fällt. Der Chor tritt wieder in seine frühere Stellung und singt weiter:

Gott! Erbarmer! Sünder zu begnaden,
Die verachtet schändlich Dein Gebot,
Gibst Du, von dem Fluche zu entladen,
Deinen Eingebornen in den Tod.

Der Vorhang hebt sich wieder. In einem nebelhaften Hintergrunde sieht man ein hohes Kreuz aufgerichtet und davor betende Gestalten. Der Chor verstummt und fällt ebenfalls auf die Kniee, um wie unwillkürlich niedergerissen das Kreuz ebenfalls zu verehren. Indessen vernimmt man Kinderstimmen, die hinter der Scene folgende Strophe singen:

Ew'ger! Höre Deiner Kinder Stammeln!
Weil ein Kind ja nichts als stammeln kann.
Die beim großen Opfer sich versammeln,
Beten Dich voll heil'ger Ehrfurcht an.

Folget dem Versöhner nun zur Seite,
Bis er seinen rauhen Dornenpfad
Durchgelaufen und in heißem Streite
Blutend für uns ausgekämpfet hat.

Ist dies gesungen, so theilt sich der Chor wieder und tritt, wie er gekommen, nach beiden Seiten ab hinter die Coulissen.

Das ist die erste Scene. Die geschauten Vorbilder der Erlösung drücken den Grundgedanken des ganzen Drama's aus und versetzen in die rechte Stimmung. Der Eindruck des Vorganges ist groß; er ist Gottesdienst. Indem die Seele von den Wellen des Gesanges gleichsam in ein unendliches Meer von Betrachtungen fortgezogen wird und sich in die Tiefe und Erhabenheit des dargestellten Gegenstandes versenkt, muß alle unheilige Neugierde und sinnliche Schaulust entfliehen. Der Mensch ist sich selbst in seinem alltäglichen irdischen Lebenskreise

entnommen, und während er ſonſt ſein eigenes Ich, ſeine eigen=
willigen Begierden und Empfindungen ſogar in die Kirche und
in ſein Gebet mitbringt, fällt dieſes Alles vor der Macht des
Augenblicks, dem außerordentlichen, feierlichen und zu tiefer An=
dacht hinreißenden Schauer, wie ein Kleid von ihm ab; ein neu
verjüngter Menſch iſt er in den wunderbaren Anblick verloren
und beſinnt ſich nicht auf ſich, ſondern auf das, was vor ihm
vorgeht [1]).

Erſte Hauptabtheilung.

Erſte Vorſtellung [2]).

1.

Kaum iſt die Vorbühne vom Chore verlaſſen, ſo hört man
ſchon in der Ferne den Hoſiannaruf dem Heilande zuſingen. Der
Vorhang ſteigt, die Mittelbühne iſt bis in die Tiefe völlig ge=
öffnet, ſo daß die ſonnige Berglandſchaft den Hintergrund bildet.
In dichten Maſſen kommen Kinder mit Palmzweigen aus einer
der Seitenſtraßen hervor. Die Schaar wird immer größer; es
ſchließen ſich Frauen, Männer und Greiſe an; Alles winkt zu=
rück mit den Palmzweigen und ſchreitet langſam vorwärts; die
Menge füllt die Mittelbühne immer ſingend, zum Theil die
Mäntel über den Weg breitend und den Heiland grüßend, der
endlich auf einem Eſel reitend, an der Spitze ſeiner Jünger er=
ſcheint. Sein Gewand iſt lilafarbig, ſein Mantel dunkelroth,
ſeine Haltung iſt würdig, ſanft, mild und doch majeſtätiſch er=
haben, ſo daß ſein Anblick ergreift und rührt. Jeſu Jünger
ſind faſt alle naturgemäß ärmlich gekleidet, Petrus, wenn mein
Gedächtniß nicht trügt, in einen blau und weißen Mantel, Jo=
hannes in einen grün und rothen, Judas in einen ſchwefel= und
orangegelben. Die über ſechs Fuß hohen Wanderſtäbe gaben
der Erſcheinung der Jünger eine eigenthümliche Haltung. Die
Spitze des Zuges verliert ſich in den Couliſſen der Mittelbühne,

---

1) Vergl. Deutinger a. a. O. S. 108.
2) Wir ſagen „Vorſtellung“, um uns dem Textbuche zu accomo=
diren.

erscheint in einer der Seitenstraßen wieder und schreitet durch den Thorbogen quer über die Vorderbühne. Der ganze Zug bekommt hiedurch eine überaus reiche und bunte Doppelbeweg=ung. Immer und immer ertönt der Volksgesang: „Heil Dir, Du Davidssohn!" Das Aufhören des Menschenstromes wird durch den fallenden Vorhang der Mittelbühne verhüllt.

Der Volksgesang, der in erhabene Melodie gesetzt ist, lautet:

> Heil Dir, Heil Dir, o Davids Sohn!
> Heil Dir, Heil Dir, der Väter Thron
>   Gebühret Dir.
> Der in des höchsten Namen kömmt,
> Dem Israel entgegenströmt
>   Dich preisen wir.
>
> Hosanna! der im Himmel wohnet,
> Der sende alle Huld auf Dich.
> Hosanna! der dort oben thronet,
> Erhalte uns Dich ewiglich.
>   Heil Dir ꝛc. (wie oben).
>
> Gesegnet sei, das neu auflebet,
> Des Vaters David Volk und Reich!
> Ihr Völker segnet, preiset, hebet
> Den Sohn empor, dem Vater gleich.
>   Heil Dir ꝛc. (wie oben).
>
> Hosanna unserm Königssohne!
> Ertöne durch die Lüfte weit.
> Hosanna! auf des Vaters Throne
> Regiere er voll Herrlichkeit!
>   Heil Dir ꝛc. (wie oben).

Während das Volk singend und jubelnd auf der Mittelbühne sich gruppirt, schreitet eine Anzahl von Hohepriestern und Schrift=gelehrten durch die gegenüberliegende Straße heran. So füllt sich auf die reichste und mannigfaltigste Weise die Vorderbühne, bis der Chorgesang schließt. Die Vortheile des in drei verschie=dene Fernsichten geöffneten Hintergrundes sind außerordentlich.

Christus ist durch das Straßenthor links auf die Bühne in das helle Sonnenlicht herausgekommen, das ihn im ersten Au=genblick wie eine Verklärung umgibt. Nun steigt er vom Last=thiere; sein Absteigen ist leicht und unanstößig; denn er sitzt nicht rittlings, sondern wie die Frauen zu reiten pflegen. Das

Füllen wird unmerkbar entfernt. Alle diese Dinge sind recht gut und schön angeordnet.

Den wunderbarsten Eindruck macht es, den Heiland, den heiligsten Gegenstand unserer Einbildungskraft von Jugend an, diese Gestalt, die schon in unzähligen Bildwerken vor uns gestanden, leibhaftig vor uns wandeln, sich bewegen, reden zu sehen; zu hören, wie er das Volk lehrt, das ihn dafür preist und segnet, und wie er den Anfechtungen der Schriftgelehrten begegnet. Christus ist voll himmlischer Milde und Majestät; nicht nur sein Aussehen, auch seine Bewegungen sind wie aus einem mittelalterlichen Bilde herausgewachsen. Die Haltung der Arme, der Hände, der leichte und doch so ruhige Gang, Alles erscheint im frommen Style, vollständig natürlich und ungesucht [1]).

Ist diese Anordnung — schreibt Herman Schmidt[2]) — scheinbar völlig kunstlos, so verräth sie doch dem kundigen Auge nur zu wohl, welche Feinheit des Planes, welche pünktliche Genauigkeit der Ausführung dabei zu Grunde liegt. Man fühlt, daß das nicht blos angelernt und eingeübt, sondern gewissermaßen natürlich entstanden und geworden ist, und man begreift, warum alle Aufzüge unsrer Bühnen davor zurückbleiben, weil man Schauspielern oder vielmehr Statisten vom Fach einen wie hier zu Grunde liegenden gemeinsamen Aufschwung kaum geben kann.... Man wird den Gesammteindruck nicht besser bezeichnen können, als wenn man das Bild mit einem riesigen mittelalterlichen Gemälde vergleicht, das Stimme und Bewegung erhalten hat. Damit stimmt Stellung, Haltung, der Schnitt der Gewänder und ihre Farbenpracht ebenfalls überein.

Daß der Zuschauer durch die Gewalt dieser Scene förmlich bezwungen wird, wird kaum gesagt werden müssen. Die Seele des Schauenden wird unbewußt, gleichsam in ungekannter Begeisterung, wie in einen Taumel und Rausch eines frommen Entzückens versetzt, und was auch nach dieser Scene noch kommt, das Gemüth ist nun einmal der heiligen Begeisterung voll, die durch Nichts mehr gestört werden kann, und selbst den letzten Spötter durchdringt. „Da hätte ich", schreibt mit Recht ein Re-

---

1) Vgl. Eb. Devrient a. a. O. S. 16 und Kalender f. k. Chr. a. a. O. S. 60.
2) Gartenlaube v. 1860 Nr. 34 S. 536.

richterstatter [1]), „Jeden gerne herbeigewünscht, der vorerst, ohne das Passionsspiel gesehen zu haben, so vornehm über diese „bäuerliche Dramatik" gesprochen hatte. Es ging nur eine Empfindung über uns Alle und diese war eine mächtige und erschütternd gewaltige." Dies wäre mit tausend Beispielen zu beweisen. Eines habe ich bereits oben S. 4 erzählt. Ein anderes erzählt Deutinger [2]): „Links von mir saßen einige Fremde, dem Ansehen und Dialekte nach Norddeutsche, die wohl nicht ohne Vorurtheile gegen das ungebildete, mit der norddeutschen Civilisation wenig vertraute Bergvölklein von Oberammergau hergekommen waren. Wenigstens hatten sie vor dem Anfang der Darstellungen ihre spöttischen Bemerkungen über die ganze Anlage der Bühne nicht unterdrücken können und hatten beim Auftreten des Chors noch immer ein mitleidig spöttisches Lächeln beibehalten ... Allmählig aber hatte dieses Lächeln einem unverkennbaren Ernste Platz gemacht und auch sie schienen vergessen zu haben, daß sie auf norddeutschen Bühnen gewesen und die Lieblingsschauspiele und Opern der neuesten Kunst mit angesehen, gelobt und getadelt und mit scharfer Kritik beurtheilt hatten. Hier war nicht der Ort, wo sich der feine Kunstkenner oder der reiche und vornehme Frembling geltend machen konnte. Vor diesem Ernst der dem Auge vorgeführten Handlung muß die Rücksicht und die hoffärtige Selbstliebe des Menschen entfliehen und sich verkriechen. Der Mensch stand in seiner ganzen Blöße und Armuth seines natürlichen Lebens vor einem höhern Lebenskreise eines dem Sinne und Verstand unbegreiflichen, der Andacht und Liebe aber nahen und begreiflichen Lebens".

2.

Während das Volk freudig um den Heiland sich schaart, um seine Lehre zu vernehmen, ist hinter dem Vorhange der Mittelbühne eine neue Scene vorbereitet, die sich jetzt enthüllt. Dabei zeigt sich der Vortheil der ganzen Bühneneinrichtung auf das Glänzendste; denn einfach durch Verwandlung der Mittelbühne sind wir mit dem ganzen Volke in die Straßen von Je-

---

1) Neue Münchener Zeitung a. a. O. Nr. 170 S. 677.
2) a. a. O. S. 109.

rusalem versetzt und sehen unter den Säulen der Vorhalle die Krämer und Käufer, theils an Geldtischen, theils um Lämmer und Tauben lebhaft feilschen. Christus tritt unter sie, bedroht sie und stürzt im ruhigsten Ernste leicht, wie durch überirdische Macht die Geldtische um, indem er spricht: „Mein Haus ist ein Bethaus, ihr aber habt es zu einer Räuberhöhle gemacht". Nun rennt Alles durcheinander, schreiend nach Geld und Waaren. Die Geldwechsler besonders gerathen in Wuth, fallen auf die Erde hin und scharren in ächt jüdischer Gier unter Verwünschungen und Widerspruch ihre Münzen zusammen; die befreiten Lämmer entfliehen, die Tauben flattern lustig auf und davon. Die Krämer verlangen Ersatz und toben gegen Christus, die Schriftgelehrten erheben sich gegen seine Anmassung, während das Volk auf der anderen Seite Partei für ihn nimmt. Alle diese Gruppen sprechen massenhaft und doch deutlich mit großer Heftigkeit und lebhaft ineinander, und dennoch kein wüstes Geschrei. Christi Reden treten dazwischen klar hervor. Alles bleibt gesondert und doch voll Lebendigkeit und Nachdruck. Endlich ergreift der Heiland einen Strick, faßt ihn zur Geißel zusammen und treibt die wüthenden Krämer aus dem Tempel hinaus. Diese Austreibung geschieht aber nicht in Aufregung und Leidenschaft, sondern Christus vollzieht sie mit ernster Ruhe und Mäßigung; nur ganz leicht fällt die Geißel auf den Rücken nieder; die Getroffenen aber haben den Muth nicht sich zu widersetzen, sondern fliehen, wie von der Allmacht berührt. So bildet diese Scene der Verwirrung und des allgemeinen Tumultes einen wirksamen Gegensatz, der, durch die vom Triumphe Christi gesteigerte Wuth der Pharisäer noch vermehrt, durch die unmittelbar darauffolgenden Handlungen und Worte des Heilandes aber, mit denen er die Heuchelei der Pharisäer rügt und das durch die Berufung der Pharisäer auf die Gefahr, in welche Judenthum und Priesterthum durch solche Neuerungen gestürzt werden müsse, wankend gewordene Volk in seiner milden Weise zur Kraft und Ausdauer ermuntert, wieder gemildert und versöhnt wird.

Damit ist sozusagen die dramatische Grundlegung der künftigen Darstellungen gegeben: die Verehrung des Volkes, der Glaube an seine Lehre, der Sieg seines Geistes über die an alten Satzungen klebenden Schriftgelehrten, die Macht seines heiligen Eifers in der Reinigung des Tempels und das Bündniß, welches sich zwischen den herrschsüchtigen Priestern und den gewinnsüchtigen Krämern gegen ihn entspinnt. Selbstsucht also und Gewinnsucht verbinden sich, um unter dem Deckmantel des Eifers für religiöse Wahrheit gegen das Heilige selbst anzu-kämpfen. Wie immer, so sehen wir auch hier den Kampf gegen die Person sich richten, im blinden Eifer vermeinend, wenn der Verkünder und der Träger der Wahrheit getödtet sei, so sei auch die Wahrheit und die gefürchtete innere Erneuerung des Lebens mit überwunden. Diese Verkehrtheit des Menschenher-zens ist in diesen Darstellungen mit erschütternder Wahrheit ge-schildert und lehrt eben dadurch um so überzeugender, daß der Sieg jeder innern von der Liebe des Heilandes getragenen Le-benskraft um so gewisser sei, je wüthender pharisäische Geschäf-tigkeit gegen dieselbe ankämpft.

Während die schmollenden Pharisäer und die wüthende Krämerwelt zurückweichen und sich gegen den Heiland verschwö-ren, nimmt dieser würdevoll Abschied von dem Volke und kehrt nach Bethanien zurück. Damit schließt die erste Vorstellung.

Zweite Vorstellung.

1.

Nachdem der Vorhang gefallen, tritt der Chor von rechts und links wieder auf die Vorbühne. Der Chorführer beginnt mit der Erklärung, wie der Neid der Hohepriester und Pharisäer aufrege, daß sie sich zu Jesu Untergang verschwören, wovon das graue Alterthum ein Vorbild in dem Neide von Josephs Brüdern zeige. Eben das ist auch der Inhalt des Gesanges:

> Ha! sind sie fort die Bösewichte —
> Entlarvt die scheußliche Gestalt im vollen Lichte —
> Die Tugendlarve von dem Sünderrock gerissen —
> Gegeißelt von dem nagenden Gewissen!

> „Auf lasset uns", so schrein sie wild, „auf Rache sinnen,
> Den längst entworfenen Plan beginnen".

Hier theilt sich der Chor wieder und tritt wie vorhin ge-gen die Bühne zurück. Der Vorhang hebt sich und man er-blickt die Cisterne der Wüste Dothain, in welche Joseph von seinen Brüdern geworfen wurde; zwei von ihnen schauen hinab,

die andern stehen nach verübter That in verschiedenen Stell=
ungen umher.

Im Angesicht dieses Bildes singt der Chor:

> Eröffne, Gottheit, uns das Heiligthum!
> Der Heuchler Plan malt uns das graue Alterthum,
> Wie Jakobs Söhne gegen Joseph sich verschwören,
> So werdet ihr von dieser Natterbrut
> Bald über Jesus „Tod und Blut"
> Voll Tigerrache rufen hören.
>
> Sehet dort, der Träumer kömmt,
> Er will, schrein sie unverschämt,
> Als ein König uns regieren.
> Fort mit diesem Schwärmer, fort!
> Ha, in der Cisterne dort
> Mag er seinen Plan ausführen.
> So nach des Gerechten Blut
> Dürstet jene Natterbrut.
> Er ist, schrei'n sie, uns entgegen;
> Unsere Ehre liegt daran —
> Alles ist ihm zugethan —
> Wandelt nicht nach unsern Wegen.
> Kommet lasset uns ihn tödten!
> Niemand kann und mag ihn retten.
> Laßt uns fest darauf besteh'n!
> Fort, er soll zu Grunde geh'n!

Ist der Vorhang gefallen, so singt der volle Chor in hef=
tiger Leidenschaft:

> Gott, vertilge dieser Frevler Rotte,
> Die sich wider Dich empört,
> Und zermalme, die zum Tode
> Deines Sohnes sich verschwört,
> Lasse Deiner Allmacht Donner brüllen,
> Deiner Rechte Blitze glüh'n,
> Daß sie Deiner Rache Schrecken fühlen.
> Aendre ihren bösen Sinn.

Hier fällt mit einem Male die liebliche Stimme eines Kna=
ben ein und bricht die Heftigkeit der Leidenschaft ab. Er singt:

> Aber, nein, er kam nicht zum Verderben
> Von des Vaters Herrlichkeit;
> Alle Sünder sollen durch ihn erben
> Gnade, Huld und Seligkeit.

Indem zwei andere Sänger diesen Gesang nachsingen, dämpft sich die zornige Entrüstung; der Chor gibt sich in Gottes ewigen Rathschluß und singt:

Voll der Demuth beten dann
Deiner Liebe großen Plan,
Gott! wir Deine Kinder an.

2.

Sobald der Chor abgetreten ist, geht der Vorhang wieder auf und man erblickt die hohe Priesterschaft im Synedrium versammelt. Annas, der Alte, mit schneeweißem Haare, und Kaiphas, eine kräftige, heftige, hohe Gestalt, führen auf erhöhten Sitzen in der Mitte des Hintergrundes den Vorsitz; neben ihnen, aber tiefer, sitzen zwei Rabbi oder Schreiber der Priesterschaft, und rechts und links, längst der Wand, die übrigen Glieder des hohen Rathes. Annas ist weiß, Kaiphas roth gekleidet, beide haben hohe, goldene, breitgespaltene Priestermützen auf. Während Ersterer ehrwürdig und ruhig aussieht, erscheint Letzterer als ein langer, heftiger, leidenschaftlich bewegter, aber entschiedener Mann. Die Costüme sind wohlgeordnet und entsprechend. Kaiphas eröffnet die Versammlung und spricht mit dröhnender und durchbringender Stimme: „Ehrwürdige Versammlung der Priester, Lehrer und Väter des Volks! Unsere Religion, unsere Gesetze stehen in Gefahr, über den Haufen geworfen zu werden. Werden wir noch einmal das Osterfest feiern? Ist der Galiläer nicht Fürst in Jerusalem? Hat er nicht die Verkäufer mit der Geißel aus dem Tempel vertrieben? Er hat also Moses und die Propheten angegriffen. Wie lange wollen wir darum noch zaudern? Wer hält das Volk von der Verführung zurück? Einzeln haben wir uns wohl bemüht; allein wo stehen wir? Es ist schrecklich! Habt ihr nicht selbst gesehen, wie er im Triumphe in unserer Hauptstadt einzog? Sollen wir also warten, bis der letzte Schatten unsrer Macht dahin ist? Darum ist es besser, daß Einer sterbe." Die Versammelten erwiderten einhellig: „Auch wir stimmen für den Tod". Der alte, eisgraue Annas aber erhebt sich und spricht tiefbewegt und leidenschaftlich: „Bei meinen grauen Haaren schwöre ich es, nicht zu ruhen, bis das Erbe unserer Religion durch seinen Tod gesichert ist".—
Allein nun entsteht die Frage: Wie bringen wir ihn in unsere

Gewalt, da das verführte Volk ihm so zahlreich anhängt? Gold und Versprechungen erscheinen ihnen als die angemessensten Mittel, und die schimpflich verjagten Händler und Verkäufer als die eifrigsten Bundesgenossen und tauglichsten Werkzeuge ihrer Rache. Zwei Abgeordnete gehen und kehren alsbald mit dem fanatischen Schacherjudenschwarm zurück. So unbändig, aufgestachelt, wild und rachesüchtig erscheint dieses geldprotzige Krämervolk, daß es mit Recht einer Schaar hungriger, reißender Thiere verglichen wird, denen von Ferne die Beute gezeigt wird, auf welche sie sogleich losstürzen wollen. In dieser Empfindung kennen die Ergrimmten keinen Rückhalt, auch keine Furcht vor dem Volke. „Ihr wißt", rufen ihnen die Priester zu, „wie das Volk für ihn eingenommen ist". Sie aber schrei'n dagegen: „Hat uns nicht der hohe Rath den Kauf im Tempel erlaubt? Und daraus hat uns der Galiläer vertrieben, mit einer Geißel hat er uns vertrieben; das soll er mit seinem Blute büßen. Rache! Rache!" — Sie erhalten nun den Auftrag, Jesu Aufenthalt auszukundschaften, und während sie ihren Racheplan näher besprechen, zeigt Einer der Rotte an, daß er unter den Jüngern Einen kenne, den er für fähig hält, seinen Meister zu verrathen. Annas hebt die Sitzung auf, indem er spricht: „Väter und Freunde! In meinen alten Tagen möchte ich vor Freude aufhüpfen. Ich fühle wieder eine erwärmende Munterkeit in meinem Busen. Wie von süßem Schlummer gestärkt wache ich wieder auf. Lasset uns gehen und thun, was wir beschlossen haben. Gepriesen seien unsre Väter, Moses, Isaak und Jakob". Damit endet dieser Abschnitt; der Vorhang fällt.

Wer ähnliche Verhandlungen, Rathsversammlungen u. dgl. auf unsern Bühnen zu sehen gewohnt ist, der weiß, daß sie oft herzlich langweilig sind, daß man vor jeder neuen schon von vorne herein erschrickt. Das ist nun hier durchweg nicht der Fall. Kein Gedanke an Ermüdung oder Langweile. Das rollt sich Alles so rasch und sicher, so lebendig und thätig ab; das wird mit einer solchen Energie, mit so eifriger Bethätigung Aller, so schnell im Hin= und Widerreden gespielt, daß man mit Herz und Seele dabei ist [1]).

---

1) Vgl. Korresp. v. u. f. Deutschl. a. a. O. Nr. 517 S. 2175.

Dritte Vorstellung.

1.

Sofort tritt der Chor auf und läßt ein Danklied zur Feier des freiwilligen Opfertodes Jesu folgen. Dasselbe lautet:

> Singt dem Herrn mit frommer Kehle,
> Singt dem Herrn aus reiner Seele!
> Für uns gibt er seinen Sohn.
> Von dem Fluche uns zu retten,
> Den verdienten Tod zu tödten,
> Eilet er zum Leiden schon.

Mußte am Schlusse der Rathsversammlung der Zuschauer unwillkürlich bei sich denken: „Wohin doch Ehrgeiz, Selbstsucht und Heuchelei führen"! — so wird es dem Herzen wieder wohler, wenn das Auge dem Pharisäismus gegenüber den Kindersinn und die kindliche Liebe schauen darf. Diesen Eindruck empfängt die Seele beim Anblicke der beiden folgenden Bilder, die wieder aus dem alten Testamente vorgeführt werden. Dieselben zeigen uns den Abschied des jungen Tobias von seinen Eltern[1]) und die klagende Braut im Hohenliede[2]); sie beziehen sich auf den Abschied Jesu von seiner jungfräulichen Mutter und führen uns die Schmerzen des mütterlichen Herzens zu Gemüthe. Der Abschied des jungen Tobias ist lieblich und vielsagend. Er steht da als ein blühender Jüngling, Wehmuth liegt auf seinem Gesichte, aber dennoch reicht er vertrauungsvoll die linke Hand dem Engel Raphael, der schon mit dem Stabe in der Hand reisefertig dasteht; die rechte bietet er dem blinden Vater und der Mutter hin, die den lieben Sohn recht bald wieder zurückhaben möchten. Hinter dieser Gruppe sieht man das Haus der Familie, vor dessen offener Thüre die getreue Magd des Hauses steht und weint. Neben dem Jüngling sehen wir noch ein reisegewärtiges Hündchen. Der Chor besingt und erklärt das Bild durch folgenden Text:

---

1) Tob 5, 32.
2) Hohel. 5, 17.

Freunde, welch' ein herber Schmerz
Folterte das Mutterherz,
　　Als Tobias an der Hand
　　Raphaels in fremdes Land
Auf Befehl des Vaters eilte!

Unter tausend Weh und Ach
Ruft sie dem Geliebten nach:
　　Komme, ach, verweile nicht,
　　Meines Herzens Trost und Licht!
Komme, komme bald zurück.

Ach, Tobias! Theuerster!
Eil' in meine Arme her!
　　Liebster Sohn! an dir allein
　　Wird mein Herz sich wieder freun,
Freuen sich der schönsten Freude.

Trostlos jammert sie nun so,
Nimmer ihres Lebens froh,
　　Bis ein sel'ger Augenblick
　　In den Mutter-Schooß zurück
Den geliebten Sohn wird führen.

Um das Scheiden Christi von seiner heiligen Mutter noch
vielseitiger und tiefer empfunden darzustellen, erscheint in einem
zweiten lebenden Bilde die liebende Braut aus dem hohen Liede,
welche über die Abwesenheit des Geliebten klagt. Eine mäch=
tige, hohe, reine Sehnsucht liegt über diesem Bilde ausgebreitet.
Der Schauplatz ist ein üppiger Blumengarten, in dessen Hinter=
grunde eine Laube sich befindet, welche nach dem Zuschauerraume
hin offen ist. In dieser steht die hohe, edle, reich gelockte Braut
mit zurückgeschlagenem Schleier. Auf jeder Seite reihen sich
im Halbkreise acht Töchter Jerusalems in weißen Gewändern,
blauen Gürteln und Schleiern an sie an und richten theilneh=
mende Blicke auf die klagende Gebieterin. Sie halten einander
an den Händen, von denen Thränentücher herabhängen. Einige
führen Leiern. Eine Stimme aus dem Chore stimmt den Klage=
gesang der Braut an[1]):

---

1) Vgl. L. Clarus, das Passionsspiel, München 1860, 2. Auflage,
　　S. 109.

Wo ist er hin? Wo ist er hin
Der Schönste aller Schönen?
Mein Auge weinet, ach! um ihn
Der Liebe heiße Thränen.

Ach, komme doch! Ach, komme doch!
Sieh diese Thränen fließen!
Geliebter! Wie? — Du zögerst noch,
Dich an mein Herz zu schließen?

Mein Auge forschet überall
Nach dir auf allen Wegen
Und mit der Sonne erstem Strahl
Eilt dir mein Herz entgegen.

Geliebter! Ach, was fühle ich?
Wie ist mein Herz beklommen!

Tröstend entgegnet darauf der Schwestern Chor in linden, sanft rührenden Tönen:

Geliebte Freundin, tröste dich!
Dein Freund wird wieder kommen.

O harre Freundin! Bald kommt er
Schlingt sich an deine Seite;
Dann trübet keine Wolke mehr
Des Wiedersehens Freude.

Und vereint mit dem Chor ruft wiederum die Braut im Wechselgesang:

O komm in meine Arme her!
Schling dich an meine Seite!
Und keine Wolke trübe mehr
Des Wiedersehens Freude!

Das Ganze ist so melodisch schön, so wahr, so treu und rührend ausgeführt, daß ein Berichterstatter dazu bemerkt[1]): „Am Schlusse dieses Gesanges blieb mir nichts zu wünschen übrig, als bei der Wiederholung nochmal eine Wiederholung".

2.

Diesen Bildern folgt nun als Handlung Christi letzter Besuch bei seinen Freunden in Bethanien. Er tritt in dessen Straßen mit seinen Jüngern auf. Der Herr verkündet ihnen,

---

1) Aehrenlese, ein katholisches Wochenblatt, Jahrgang 1850, Nr. 42.

die Stunde der Trennung sei nahe. Ueber dem Tode jedoch zeigt er ihnen ein Wiedersehen. Die Worte des Abschieds veranlassen den treuherzigen Petrus zu sagen: „Meister, das Scheiden will durchaus nicht in meinen Kopf hinein". Während Alle durch des Meisters Reden in tiefen Kummer versenkt erscheinen, ist Judas mehr in Angst wegen seines künftigen Auskommens. Christus, diese irdischen Gedanken in ihm wahrnehmend, spricht: „Juda, sei nicht mehr besorgt als nöthig ist". An die Uebrigen richtet er die Worte: „Gute Jünger, ihr denkt viel zu menschlich; seid getrost und folget mir".

Diese Reden sind während des Gehens und Stehens gesprochen. Am Schlusse derselben ist das Haus des gastfreien Simon erreicht, dessen Angehörige dem Herrn entgegen treten. Sie laden Christum zum Eintritte in das Haus ein. Er folgt der Einladung. Die Scene verwandelt sich in einen Speisesaal, in dessen Hintergrund der mit Speisen bedeckte Tisch sich darstellt. Christus läßt sich mit seinen Jüngern daran nieder und nimmt den Mittelplatz ein. Er spricht den Wunsch aus, daß seine Ankunft in Jerusalem ebenso angenehm sein möge, als der Eintritt in dieses Haus. An die Jünger richtet er rührende Worte über sein bevorstehendes Abscheiden. Die Freunde rathen ihm, auf seine Sicherheit Bedacht zu nehmen; er aber fragt ergebungsvoll: „Soll ich dem Willen meines Vaters nicht folgen?" Martha erscheint in Bedienung der heiligen Gesellschaft als unermüdliche Bewirtherin. Der Herr tritt hinter dem Tische vor und läßt sich zur Linken auf einen Sessel nieder; und nun erscheint Magdalena in blauem Kleide mit gelbem Obergewande und reichem, aufgelöstem, kastanienbraunem Haare. Sie macht einen guten Eindruck. Nachdem sie sich zu seinen Füßen niedergelassen, salbt sie dieselben von Reue und Liebe tief bewegt, während die Jünger voll Staunen sie im Halbkreise umgeben. Judas steht vorn und zeigt sich über diese Handlung empört[1].

„Durch diese sinnvolle Anordnung" bemerkt Görres hiezu[2], „treten die beiden entgegengesetzten Empfindungen dieser Scene recht hervor. Es ist der böse und der gute Engel, die einander

---

1) S. L. Clarus a. a. O. S. 110.
2) Guido Görres. Das Theater im Mittelalter und das Passionsspiel in Oberammergau. Histor.-pol. Blätter. Jahrg. 1840. (Bei Teutinger a. a. O. XXIII. Bericht. S. 468.)

gegenüberstehen; rechts kniet die reuige Liebe zu den Füßen ihres
gütigen Heilandes, der sich, verzeihend, von ihr salben läßt;
links steht der Neid, der selbstsüchtig und kalt den äußerlichen
Werth des Opfers, der Salbe der Liebe, berechnet und vor der
Welt seine Selbstsucht für barmherziges Mitleiden und Liebe zu
den Armen ausgeben möchte". — „Welch' eine kostbare Salbe",
spricht er mit dem gedämpften Tone des sich selbst verzehrenden, innern Grimmes, „warum hindert er die Thörin nicht? — Welch'
eine Verschwendung! Wie viele Arme hätte man damit unter-
stützen können! Dreihundert Denare wären gewiß dafür gelöst
worden ꝛc." — Während der Neid sich also, allein stehend, seinen einsamen, trüben Betrachtungen überläßt, weiß die aus dem
Evangelium bekannte, weinende Magdalena in ihrem tiefen
Reueschmerz nur die flehenden Worte hervorzubringen: „Rabbi!
Rabbi!" — Christus erhebt sich und dankt dem Hausherrn
und den Seinen für die empfangene Liebe. Da sie über sein
Scheiden traurig werden, so tröstet er sie mit Aussicht auf ein
baldiges, freudenreiches Wiedersehen und mahnt die Jünger, ihm
zu folgen. „Wohin willst du?" lautet die Antwort; „nur nicht
nach Jerusalem!" „Folget mir", erwidert der Heiland, „das
Weitere werdet ihr erfahren".

Während der Heiland seinen Segen ertheilt, erscheint von
der andern Seite her mit ihren Begleiterinnen seine Mutter,
die in ein rothes Gewand und einen blauen Mantel gekleidet
ist; das Haupt ist halb in einen Schleier gehüllt. Ihre Erscheinung ist holdselig, sanft, jungfräulich schön und mütterlich
würdevoll; nur ihre Stimme dürfte etwas stärker und der Ton
derselben etwas fester sein.

Noch einmal fällt die Mutter ihrem göttlichen Sohne in
die Arme; sie möchte ihn zurückhalten oder mit ihm in den
Kampf und Tod gehen. „Bestes Kind"! — ruft sie klagend,
„mein Herz schwimmt in einem Meere von Schmerzen". —
Während so das scharfe Schwert des Leidens ihr mitleidvolles
Herz durchbohrt und sie um die Gnade fleht, sein Leiden zu
theilen, setzt Judas im Gegensatze hiezu die kalten Betrachtungen
seiner Mißgunst über die Kostbarkeiten der Salbe und die nutzlos
verschwendeten 300 Denare fort. „Diese dreihundert Denare",
spricht er, „ständen mir gut an; ich würde mich zurückziehen
und glücklich leben. Nein, ich kann mich bei ihm nicht länger

aufhalten. Ich will nicht mehr sein Jünger sein, will Gelegen=
heit aufsuchen, ihn zu verlassen".

Lazarus und seine Freunde wollen Jesum zurückhalten von
dem verhängnißvollen Gange; er aber spricht ruhig und erge=
ben: „Ihr begreift noch nicht", und empfiehlt scheidend ihrer
Liebe seine Mutter. „Nach zwei Tagen aber", setzt er bei,
„möget ihr nach Jerusalem kommen, um bei dem großen Feste
zugegen zu sein"! Die Jungfrau faßt sich und folgt seiner Er=
gebung. „Wie du willst, mein Sohn", spricht sie, und der
Sohn sagt der Mutter seinen Dank und sein Lebewohl, um sie
vom Kreuze herab wieder zu sehen. Da überwältigt sie der
Schmerz und wehklagend: „Jesus! Jesus!" entläßt sie ihn aus
ihren Armen, — ihre Wonne und ihr Leben. „Haltet euch fest
an mir" sind seine letzten Worte.

So scheidet er mit den Jüngern nach der einen Seite, La=
zarus aber, die heilige Jungfrau einladend, geht mit ihr und
den Frauen nach der andern Seite ab. Der Vorhang fällt.

Vierte Vorstellung

1.

Sofort erscheint wiederum der Chor und wird vom Chor=
führer mit einigen Worten eingeleitet. Wie gerne, heißt es,
hätte Jesus Jerusalem gerettet; allein Stolz und Hochmuth ha=
ben einmal der Synagoge Untergang bereitet. Indessen warnt
der Chor noch einmal und fordert Jerusalem auf, sich zu seinem
Gott zu bekehren. Es geschieht durch folgenden Gesang, der
ein Wechselgesang ist:

Jerusalem, Jerusalem, erwache!
Erkenne, was zum Frieden dir noch dienen kann!
Doch zögerst du, so fängt die Zeit der Rache,
Unsel'ge, mit fürchterlichen Schlägen an.
    Jerusalem! Jerusalem!
Bekehre dich zu deinem Gott.

Erhebe nicht zu Tod und Blut
Neidtrunken deine Stimme
Unsel'ge! Sonst ergießet sich
In vollen Schalen über dich
Des Höchsten voller Grimme.

Doch, ach — ach! die Propheten-Mörderin —
Sie taumelt fort in ihrem bösen Sinn.
Drum spricht der Herr:
Dies Volk will ich nicht mehr.

Nun theilt sich der Chor, der Vorhang hebt sich und es zeigt sich als lebendes Bild die von ihrem Gemahle Assuerus wegen ihres Stolzes verstoßene Vasthi [1]) als Vorbild dessen, was der Herr mit der Synagoge beschlossen hat. Der Chor singt:

Seht, Vasthi, seht! Die Stolze wird verstoßen! —
Ein Bild, was mit der Synagog der Herr beschlossen.

Entferne dich von meinem Throne,
Du stolzes Weib, unwerth der Krone!
So spicht Assuerus ganz ergrimmt.
Dir, schöne Ester, dir sei heute,
Zu herrschen an des Königs Seite,
Hier dieser Königsthron bestimmt.

Die Zeit der Gnade ist verflossen;
Das stolze Volk will ich verstoßen,
So wahr ich lebe, spricht der Herr.
Ein besser Volk wird er sich wählen,
Mit ihm auf ewig sich vermählen,
Wie mit der Ester Assuer.

Der Vorhang fällt, der Chor tritt in seine gewöhnliche Stellung und singt in sehr ernster und inniger Melodie:

Jerusalem! Jerusalem!
Ihr Sünder, höret Gottes Wort!
Wollt ihr noch Gnade finden,
So schafft aus euren Herzen fort
Den Saur'teig eurer Sünden.

Nach diesem Gesange verschwindet der Chor. Die Darstellung dieser Sinne durch ein lebendes Bild war würdig und schön. Rechts und links füllte zahlreiches Volk die Bühne. Im Hintergrunde steht auf erhöhter Stätte des Assuerus Thron. Rechts von sich stößt er die stolze Königin, welche eilig und bestürzt sich zeigt, die Stufen hinab. Die Königin ist sehr schön und anmuthig dargestellt. Man denkt nicht mehr an ihren Hochmuth, der sie stürzte, sondern wird von Schmerz über die Ver-

---

1) Buch Ester 1 u. 2.

stoßung einer so reizenden Schönheit erfüllt. An der linken Seite des Königs steht Ester, die zwar nicht so einnehmend wie Vasthi erscheint, aber deren edle Haltung Hochachtung einflößt. — Assuerus ist ein stattlicher König in Krone und Hermelin, aus dessen Augen Zorn sprüht. Ringsum ist das Hofgelage, bestehend aus Männern und Frauen; es ist gut gruppirt und dürfte überhaupt Nichts bemerkbar werden, wodurch die Wirkung dieser Scene beeinträchtigt werden könnte.

2.

Darauf erscheint Christus mit seinen Jüngern auf dem Wege nach Jerusalem. Während die übrigen Jünger sich theilnahmsvoll um ihren Meister gruppiren und ihn zurückhalten möchten, hält sich der treulose Judas tückevoll zur Seite. Jesus äußert traurige Worte über die Zukunft Jerusalems, wo kein Stein mehr auf dem anderen bleiben soll; er sendet den Petrus und Johannes voraus in die Stadt, um das Osterlamm zu bereiten; unter Hindeutungen auf sein nahes Leiden bittet er die Jünger sich an ihm nicht zu ärgern. Nun tritt Judas hastig heran und spricht: „Erlaube mir, Meister! Triff Anstalt für unsere künftige Versorgung! Wie gut wären für uns jetzt jene dreihundert Denare!" Als Jesus ihn erinnert, sich an sein Wort zu halten, antwortet er ängstlich und verlegen: „Wer sorgt aber, wenn ich nicht sorge? Bin ich nicht der Säckelträger? Jesus warnt ihn nochmals ernst und geht mit den neun übrigen Jüngern den vorausgesendeten nach. Judas aber bleibt. Ein gewöhnlicher Alltagsmensch, denkt er nur auf irdischen Vortheil und Gewinn; von seines göttlichen Meisters hoher Sendung hat er keine Ahnung, obwohl er schon Jahre lang um denselben sich befand. Er fürchtet, er möge sein Auskommen bei Jesus nicht mehr länger finden; eine Aussicht, ferner noch den Säckelwart zu spielen und sich dabei heimlich Gewinn zu machen, will sich nicht zeigen. Das stimmt ihn trübe und zur Unschlüssigkeit. Ein Bild und Ausdruck dieser Stimmung steht er am verhängnißvollen Scheideweg. Man glaubt wahrzunehmen, wie auf der einen Seite ein guter, auf der andern Seite ein böser Engel ihm einreden. Seine Betrachtungen wenden sich bald dem einen, bald dem andern zu. Sein Kampf ist furchtbar und verzehrend. Die dreihundert Denare, welche zur Salbe verwendet wurden, bilden die unglückliche Vorstellung, die fixe Idee, in welcher sich die arme Seele zum ewigen Verderben vergarnt. Während er noch schweigend in Nachdenken versunken steht, schleicht sich einer der Schacherer herbei, die von Jesus aus dem Tempel vertrieben wurden. Es ist der Verführer, der seinen Handel richtig machen möchte, die hungrige Hyäne, die leise auftretend auf ihr Opfer losspringt. „Er scheint in großer Verwirrung", spricht er für sich, „das muß ich benützen". Herzu tretend: „Freund". — Judas kehrt sich um und spricht: „Was willst du, mein Freund, vielleicht auch mein Verräther?" Leicht wird es dem schlauen Lauscher zu erforschen, wie Judas innerlich vom Herrn abgefallen ist und es nur eines äußeren Anstoßes bedarf, um auch äußerlich den Bruch zu vollziehen. Indem er das Gespräch anknüpft, kommt ihm eine Schaar seiner Schachergenossen zu Hilfe. Judas erblickt sie und fragt mißtrauisch: „Wer sind diese?" Er will abgehen, aber sie halten ihn zurück. Da richtet er die Frage an sie: „Wollt ihr etwa auch seine Anhänger werden?" — „Allerdings", erwiedern die Börsenspekulanten, „wenn günstige Aussichten vorhanden sind". „Hier sind sie" entgegnet Judas, indem er ihnen ironisch seinen leeren Beutel zeigt. Damit fällt er wieder in seine alte Melodie von der kostbaren Salbe und den dreihundert Denaren. Er beklagt sich, daß die Thörin, welche dieselbe gespendet, noch Lobsprüche vom Meister, er aber für seine Vorsorge nur Rüge erhalten habe. Er zeigt abermals auf den leeren Beutel und spricht: „Hier ist lauter Armuth. So sorgt er für uns"! — Das ist die Stimmung und die Sprache, wie sie die Versucher wünschen. „Und du kannst noch bei ihm sein"? rufen sie ihm zu. Judas fragt dagegen; „Werde ich dadurch auch die dreihundert Denare einbringen"? — „Wir versprechen dir größern Gewinn" — ist die Antwort. — „Diese Sprache gefällt mir", antwortet Judas, „ich erinnere mich nun, ihr seid die Verkäufer. Jetzt verstehe ich euch ganz; ich soll den Vermittler machen. Ach, die 300 Denare! Das wäre eine schöne Gelegenheit, sie wieder zu bekommen. Soll ich sie aus der Hand lassen? O du kostbare Salbe, jetzt erkenne ich erst deinen Werth". — Das versprochene Geld ersetzt ihm den Werth der unvergeßlichen Salbe. Judas verabredet mit den Schacherern eine Zusammenkunft, und diese trennen sich von ihm unter dem Rufe: „Freund, Bruder! Ein Mann, ein Wort"! Nachdem Judas allein ist, spricht er zuerst seine Freude aus über die Aussicht des Ersatzes für den gehabten Verlust; denn das Geld ist die Wonne seines Herzens. Allein nun regen sich Gewissensbisse. Er wirft selbst ein: „Aber der Meister ist doch ein guter Mann, und ich, der so oft Zeuge seiner Güte gewesen, soll ihn verrathen"? Weiter als bis zum „guten Mann" hatte es Judas in der Erkenntniß seines Meisters nicht gebracht; und darum beruhigt er sich auch sogleich mit der Bemerkung: „Er ist ja ein Wundermann, er wird sich schon retten. Was mich betrifft: ein Mann ein Wort! So habe ich nichts verloren." Allein das Gewissen läßt sich durch den Trugschluß nicht beschwichtigen; darum blickt er un= ruhig und scheu um sich und sagt: „Es wird mich doch Nie= mand bemerkt haben! Ich muß mich verstellen". Indessen setzt er wieder bei: „Ach, wenn ich nur das Geld schon hätte[1])"!

Damit endet die Scene, die übrigens meisterhaft gespielt wird, Judas, die Schacherjuden und Pharisäer haben ihre Rollen sehr gut begriffen, und daher gehört ihre Durchführung auch zu den gelungensten Darstellungen des Passionspieles. Devrient bemerkt dazu[2]): „Die Zeichnung dieses Charakters ist freilich nicht im großen Styl, ja sie ist mitunter platt; aber sie ist von einer furchtbaren Wahrheit und erklärt, vielleicht besser als irgend eine andere Auslegung, das Verhältniß des Ver= räthers zum Meister. Sie hat für dies Volksschauspiel den Werth einer so familiären Deutlichkeit, daß dieser Judas an jede Brust der 6000 Zuschauer zu klopfen und zu fragen scheint: „„Bist du nicht auch wie ich"""? — Eindringlicher konnte Judas kaum geschildert werden".

Fünfte Vorstellung.

1.

Der Chor tritt auf und der Chorführer kündigt an, daß die folgende Vorstellung zeigen soll, wie der Herr dem Volke Israel in der Wüste das Manna gibt[3]) und die Weintrauben

---

1) Vgl. L. Clarus a. a. O. S. 114 u. 115; Guido Görres a. a. O. bei Deutinger S. 472.
2) a. a. O. S. 25.
3) II. Mos. 16.

aus Kanaan sendet[1]), vorbildend die Einsetzung des heiligen Altarssakramentes, in welchem Jesus uns ein höheres Manna und einen „himmlischen Wein", sein heiliges Fleisch und Blut reicht. Der Gesang hebt in lieblicher und rührender Weise an:

> Nun nähert sich die Stunde,
> Und die Erfüllung fängt sich an,
> Was längst durch der Propheten Munde,
> Der Herr der Menschheit kund gethan.

> An diesem Volke, spricht der Herr,
> Hab ich kein Wohlgefallen mehr;
> Ich will nun keine Opfergaben
> Von seinen Händen ferner haben.

> Ich stifte mir ein neues Mahl; —
> Dies spricht der Herr, — und überall
> Soll auf dem ganzen Erdenrunde
> Ein Opfer sein in diesem Bunde.

Der Vorhang hebt sich, der Chor zeigt auf das Vorbild und singt weiter:

> Das Wunder in der Wüste Sin
> Zeigt auf das Mahl des neuen Bundes hin.

> Gut ist der Herr, gut ist der Herr,
> Das Volk, das hungert, sättiget er
>   Mit einer neuen Speise
>   Auf wunderbare Weise.

Der Vorhang fällt und der Chor erklärt die Beziehung des Bildes:

> Der Tod doch raffte Alle hin,
> Die aßen in der Wüste Sin
>   Dies Brod im Ueberflusse,
> Des neuen Bundes heilig Brod
> Bewahrt die Seele vor dem Tod
>   Beim würdigen Genusse.

Sogleich leitet er dann das zweite Vorbild ein, in welchem bei abermals aufgehendem Vorhang die Riesentraube sich zeigt:

> Gut ist der Herr, gut ist der Herr,
> Dem Volke einstens hatte er
>   Den besten Saft der Reben
>   Aus Kanaan gegeben.

---

1) IV. Mos. 13.

Doch dies Gewächse der Natur
War zum Bedarf des Leibes nur
Bestimmt nach Gottes Willen.

Die Beziehung lautet:

Des neuen Bundes heil'ger Wein
Wird selbst das Blut des Sohnes sein,
Der Seele Durst zu stillen.
Gut ist der Herr, gut ist der Herr.
Im neuen Bunde reichet er
Sein Fleisch und Blut im Saale
Zu Salem bei dem Mahle.

Die Vortrefflichkeit des Mannaregens ganz zu beschreiben, dürfte schwer sein. Dieses Bild ist nach allgemeinem Urtheile eines der reichsten und lieblichsten des ganzen Spieles; viele Thränen der Rührung fließen beim Anblicke desselben. Das Volk Israel steht in so dichten Schaaren, daß sie beinahe die ganze Bühne erfüllen. Alle sind in das Gewand und die Farbe der Freude gekleidet; das Roth in allen Nuancen, namentlich das Rosenroth froher, lieblicher Jugend herrscht darin vor, und insbesonders sind es wieder, wie beim Palmzuge, die Kinder, die am meisten hervortreten. Die kleinsten lagern im Vorder=grunde, in verschiedenen, recht lieblichen Gruppen; hinter ihnen erscheinen sitzende und stehende Kinder reiferen Alters. Dann folgen Jungfrauen und Frauen. Den Hintergrund bilden die Männer. Moses, mit einer Art goldener Strahlen am Kopfe gehörnt und seinen Stab ausstreckend, steht erhaben mitten unter den Kindern, nicht weit von ihm sein Bruder Aaron als Prie=ster. Das Manna — wie mir scheint, Schnitzeln aus Silber=papier — regnet als große weiße Flocken dicht vom Himmel herab. Dieser Mannaregen, der wohl zwei Minuten währt, ist zauberisch schön, ja allerliebst. Alles, was Hände hat, streckt dieselben hoch erfreut nach dem schönen Himmelsbrode aus; be=sonders geschäftig sind die Mädchen, die das aufgehobene Manna einander in die Schürzen schütten, um sich so einen gemeinschaft=lichen Schatz zu sammeln. Das Bild ist ganz geeignet, die Freude und Dankbarkeit über die Himmelsernte auszudrücken, und erinnerte Guido Görres[1]) an eine Vision des seligen Bruders Claus von der Flüe, die er von der Feier der heiligen

---

1) S. dessen Bericht in Deutinger's Sammlung a. a. O. S. 473.

Messe, welche im Manna vorbedeutet wird, hatte. Unter dem Opfer nämlich sah er, wie eine Rose, die vom Altar zum Himmel aufsproßte, hoch und breit und mit Rosen die ganze Kirche bis zum Gewölbe erfüllend. Die schwanken Aeste wölbten sich wie ein Dach über die Betenden und Mitopfernden; je nach der Andacht ihres Herzens aber, je nach ihrem Verlangen und ihrer sich selbst hingebenden Sehnsucht zogen die einzelnen die duftenden Himmelsblüthen zu sich nieder, oder diese blieben von ihnen fern, hoch über ihnen schwebend, und sie selbst davon trocken und ungelabt.

Ebenso ist auch das andere Vorbild gut, wenn gleich nicht so großartig, wie das vorige. Es zeigt, wie schon bemerkt, die riesengroße blaue Traube, welche die zwölf Kundschafter aus Canaan mitgebracht, und die von zwei starken Männern mit Kraftanstrengung getragen wird. Das Volk steht in gespannter und bewundernder Haltung zu beiden Seiten der Traube; die beiden Anführer zeigen sich in hervortretender Stellung.

2.

Diesem Chorgesange folgt nun die Einsetzung des heiligen Abendmahles selbst. Der Vorhang hebt sich, und es erscheinen als Vorbereitung auf dasselbe die zwei von Christus vorausgesendeten Jünger in den Straßen Jerusalems. Hier tritt ihnen der von Christus bezeichnete Speisemeister mit dem Kruge entgegen, Petrus und Johannes erkennen ihn als den, zu welchem sie gesandt sind; er führt sie in sein Haus und bewillkommnet sie mit dem Gruße: „Der Friede sei mit euch! — Wo ist euer Meister?", Die Jünger erwidern: „Er sandte uns voraus". „O wäre er schon da" entgegnete er, „ich will ihm entgegeneilen". Sie gehen ihm entgegen und treffen auf Jesus, der mit seinen Aposteln erscheint. „Sei mir gegrüßt, bester Meister in Israel!" — spricht freundlich der Hausherr. Christus antwortet: „Der Segen sei mit dir und deinem ganzen Hause". Nachdem der Speisemeister angezeigt, daß das Mahl bereitet sei, heißt Christus seine Jünger in den Speisesaal eintreten. Der Hausherr ist hoch erfreut über die ihm gewordene Ehre und spricht ehrfurchtsvoll: „Mein Haus soll Theil nehmen an der Freude. Befiehl, o Herr, und auf dein Wort soll Alles geschehen!" Christus mahnt die Jünger, vor dem Essen die geſetzliche Reinigung zu beobachten. Nach der Händewaſchung werden das Lamm und der Wein aufgetragen. Chriſtus ſelbſt beginnt nun das Mahl mit dem Gebete: „Vater, mein Herz erhebt ſich zu dir! Deine Gaben ſind es, die ich von dir im Frieden genießen werde; ſegne dieſe Speiſe mit deinem göttlichen Segen"! Zu den Jüngern aber ſagt er: „Ich habe ein großes Verlangen gehabt, dieſes Oſterlamm mit euch zu eſſen; denn es iſt das letzte Mal, daß wir es vereinigt eſſen". Hierauf ſpricht er über den Becher: „Vater! ich danke dir für dieſen Trank der Rebe". Er reicht den Jüngern den Becher. Derſelbe geht von Hand zu Hand. Die Jünger trinken ſtehend, wie ſie dann überhaupt öfter während des Mahles aufſtehen. Mit Wehmuth ſpricht Chriſtus: „Einer aus euch wird mich verrathen". Die Jünger werden betrübt darüber und betheuern einzeln feſt und durchdrungen ihre Unſchuld. Judas aber fragt verlegen: „Herr, bin ich's"? — und erhält die Antwort: „Du ſagſt es".

Mit der Frage: „Habt ihr Alle gegeſſen und getrunken"? — iſt das letzte Mahl des alten Bundes geſchloſſen. Inzwiſchen erhebt ſich unter ihnen eine Streitfrage über die Ehrenplätze in dem Königreiche der Zukunft, das ſie irdiſchen Sinnes für ſich erwarten. Jeder möchte darin eine beſondere Auszeichnung er-halten. Statt ſofort zu antworten, wendet ſich Jeſus an den Hausherrn und ſpricht: „Freund, laſſe Waſſer bringen und ein Tuch"! Zu den Jüngern aber wendet ſich der Meiſter mit den Worten: „Die Könige der Völker herrſchen über ſie und die, welche Gewalt haben. Bei euch aber iſt es nicht ſo ꝛc." Er ſchließt mit der Verheißung von den zwölf Sitzen der ewigen Herrlichkeit, auf die er die Seinen neben ſich erheben will. Dieſe Worte vernehmend und das Waſſer und das Tuch, das inzwi-ſchen beigebracht iſt, vor Augen, gerathen die Jünger in Er-ſtaunen, da ſie die Rede Chriſti nicht verſtehen, und fragen ein-ander: „Was will er thun"? — Chriſtus legt ſein Oberge-wand ab, läßt ſich ein großes, weißes Vortuch umlegen, ruft dann den Petrus und ſpricht: „Petrus, reiche mir deinen Fuß"! „Herr", ſpricht Petrus in ſtaunender Verwirrung, „Herr, du willſt mir die Füße waſchen"? — In ehrerbietiger Scheu zurücktretend: „In Ewigkeit ſollſt du mir die Füße nicht waſchen". Mit mildem Ernſte erwiedert Chriſtus: „Waſche ich dir die Füße nicht, ſo wirſt du keinen Theil an mir haben". Darauf entgegnet Petrus ergeben und gleichſam abbittend: „Nicht

nur die Füße, sondern auch die Hände und den Kopf!" — Die
Fußwaschung erfolgt nun der Reihe nach. Der Hausherr und
der Speisemeister, welche am Vordergrunde stehen, drücken durch
angemessenes Mienen- und Geberdenspiel ihre Rührung über des
Heilandes Herablassung und Demuth aus. „Ihr seid nun rein",
spricht Christus nach der Fußwaschung, „aber nicht Alle; wer
das Brod mit mir ißt, wird den Fuß gegen mich erheben."
Noch setzt er bei: „Wahrlich, wahrlich, ich sage euch, wer den-
jenigen aufnimmt, den ich sende, der nimmt mich auf."

Unterdessen sind die Jünger wiederum an den Tisch getreten
und haben sich daran niedergelassen; auch Christus hat seinen Platz
in der Mitte des Tisches eingenommen. Es beginnt die Einsetzung
des heiligen Abendmahles selbst. Es ist ein wahrhaft feierlicher,
erhabener, heiliger und tief ergreifender Augenblick. Die andächtigste Aufmerksamkeit ist auf allen Gesichtern eingeprägt.

Christus nimmt die Einsetzung gerade so vor, wie das
Evangelium sie erzählt. Er nimmt Brod, erhebt seine Augen
zum Himmel, segnet und bricht es und spricht darüber in heilig
bewegter Stimmung: „Nehmet hin und esset; denn dieses ist mein Leib!" Darauf speist er, indem er um den Tisch
wandelt, bei Petrus anfangend und bei Johannes endigend, Jeden einzeln. Ebenso nimmt er auch den Kelch, dankt, segnet
ihn und spricht: „Trinket Alle daraus; denn dieses ist
mein Blut, das Blut des neuen Bundes, welches für
Viele zur Vergebung der Sünden vergossen wird!
Thuet dies zu meinem Gedächtnisse!" Und wiederum
reicht er Jedem einzeln den Kelch. Jeder, der genossen hat,
senkt ernsthaft das Haupt und bewahrt die andächtigste Haltung;
nur Judas weiß nicht, was er eigentlich thun und wohin er
blicken soll; er verräth Gewissensfolter und peinliche Unruhe . .
Johannes sinkt dem Heilande an die Brust.

Die Gruppirung ist nach dem berühmten Gemälde Leo-
nardo da Vinci's geordnet und in der That, wie man sagt, malerisch schön, besonders durch den verschiedenartigen Ausdruck an-
dächtiger Stimmung.

„Diese ganze Scene", schreibt Ludwig Clarus [1]), „athmet
eine erhabene Würde. Die Darstellung in ihrer biblischen Ein-
fachheit ohne alle Zuthat rednerischer Zier versenkt uns in

---

1) A. a. O. S. 119.

fromme Weihe. Andacht lag auf den Mienen aller Darsteller und Zuschauer, kein entweihender Blick, keine spöttische Verzerrung war auf irgend einem Antlitze wahrzunehmen. Die Bedeutung der Scene wurde, so weit ich wahrgenommen, ganz allgemein, theilweise aber so tief empfunden, daß Thränen und unterdrücktes Schluchzen an verschiedenen Stellen beobachtet werden konnten."

Nachdem Jesus die Speisung vollendet hat und wieder auf seinen Platz zurückgekehrt ist, spricht er nochmals das anklagende Wort: „Ich sage euch, Einer aus euch wird mich verrathen." Die Jünger werden unruhig, betheuern ihre Unschuld und dringen in ihn, zu sagen, wen er meint. „Der ist es, dem ich das Brod reiche", spricht Christus und reicht es dem Judas hin. Ebenso taucht er unter den bekannten biblischen Worten zugleich mit Judas die Hand in die Schüssel. Der Griff des Judas war wie krampfhaft, als zerre ihm eine dämonische Gewalt die Hand nach der Schüssel. Nicht minder gewaltsam packt es den Verräther, als der Meister ihm zuruft: „Was du thust, das thue bald!" Auf dieses Wort Jesu erhebt sich Judas und stürzt in hastiger Eile und wilder Geberde aus dem Speisesaale. Jesus aber begleitet das Scheiden des Judas mit den Worten: „Jetzt ist des Menschen Sohn verherrlicht."

Dem treulosen Abfalle des feilen Bösewichtes folgt nun die Demüthigung des schwachen Gerechten. Petrus betheuert im Gegensatze zu Judas: „Für dich gebe ich mein Leben." Die Antwort ist: „Du, Petrus, wirst mich verleugnen." Dann spricht Jesus noch einige Worte von den verhängnißvollen Tagen, die Jerusalem bedrohen, und schließt die Feier mit einem Dankgebete. Auch wendet er sich, ehe er scheidet, mit seinem Dank und Segen an seinen gastfreundlichen Wirth. „Herr", spricht dieser demüthig, erinnere dich meiner; auch ich glaube an deine Herrlichkeit." Zum Lohne dafür verheißt ihm Christus: „Auch du sollst einen Platz bei mir haben. Segen und Friede beglücke dich!" Der Herr scheidet mit seinen Jüngern. Der Vorhang fällt.

Sechste Vorstellung.

1.

Nach dieser Scene folgt als weiteres Vorbild, wie die Söhne Jakobs ihren Bruder um 20 Silberlinge verkaufen [1]). Ebenso verkaufte Judas seinen Herrn und Meister um 30 Silberlinge. Der Chor erklärt dies im Gesange, verwünscht den Geiz und möchte gern den Judas von seiner treulosen That zurückhalten:

„Wie schaudert's mir durch alle Glieder!
Wohin? — Wohin, o Judas! voller Wuth?
Bist du der Schurke, der das Blut
Verkaufen wird? — Gerechte Rache, säume nicht!
Ihr Donner, Blitze stürzet nieder!
Zermalmet diesen Bösewicht!

Von euch wird einer mich verrathen!
Und dreimal sprach der Herr dies Wort.
Von Geiz verführt zu schwarzen Thaten,
Lief Einer von dem Mahle fort.
Und dieser Eine — heil'ger Gott! —
Ist Judas, der Iskariot.

Ach Judas, Judas! welche Sünde!
Vollende nicht die schwarze That!
Doch nein, vom Geize taub und blinde,
Eilt Judas fort zum hohen Rath,
Und wiederholt mit bösem Sinn,
Was einst geschah zu Dothain.

Nun theilt sich der Chor und tritt, wie oben, zurück; inzwischen hebt sich der Vorhang und es zeigt sich als lebendes Bild — der Verkauf Josephs durch seine Brüder. Dieses Bild stellt die Brüder Josephs in schönen Hirtentrachten dar, wie dieselben gierig das für den Bruder empfangene Kaufgeld zählen. Im Hintergrunde stehen die Ismaeliten mit ihren Gepäckthieren und sind eben im Begriffe, den jammernden Joseph abzuführen. Der Chor deutet auf das Bild und singt:

Was bietet für den Knaben ihr? —
So sprechen Brüder, wenn euch wir
Ihn käuflich übergeben?

---

[1]) I. Mose 37.

Sie geben bald um den Gewinn
Von zwanzig Silberlingen hin
Des Bruders Blut und Leben.

Was gebt ihr? — Wie lohnt ihr mich? —
Spricht der Jskariot wenn ich
Den Meister euch verrathe? —
Um dreißig Silberlinge schließt
Den Blutbund er, und Jesus ist
Verkauft dem hohen Rathe.

Hier tritt der Chor in seine gewöhnliche Stellung vor und
schließt mit der ernsten Strophe:

Was diese Scene uns vorhält
Ist ein getreues Bild der Welt.
Wie oft habt ihr durch eure Thaten
Auch euren Gott verkauft, verrathen!
Den Brüdern eines Joseph hier
Und einem Judas fluchet ihr,
Und wandelt doch auf ihren Wegen:
Denn Neid und Geiz und Bruderhaß
Zerstören ohne Unterlaß
Der Menschheit Frieden, Glück und Segen.

2.

Ist der Chor abgetreten, so hebt sich der Vorhang und wir
sehen vor uns den hohen Rath, dessen Mitglieder Judas erwarten und in Rachegier und höhnischen Aeußerungen wider
Christus einander zu überbieten suchen. Nur Nikodemus und
Joseph von Arimathea erheben sich und sprechen für Christus,
werden aber von dem dadurch in Wuth versetzten Kaiphas für
unwürdig erklärt, bei solcher Gesinnung noch ferner in dieser
Versammlung einen Platz einzunehmen. Nun kommt Judas;
als Säckelmeister führt er die Börse bei sich, die ihm im Dienste
Gottes leer geblieben und die er nun im Dienste der Welt
füllen will. Um diesen Preis erklärt er sich zum Verrathe bereit. Während um den Verrath Christi gemarktet wird,
verfällt Judas in Folge der Frage des Hohenpriesters: ob ihn
wohl der Handel nicht gereuen werde? — in sein altes Lied
von der kostbaren Salbe, den dreihundert Denaren, der Verschwendung der Armenkasse, dem leeren Beutel, den er vorgezeigt, und den Vorwürfen des Herrn. Natürlich geben ihm die

Rathsmitglieder Recht und finden auch ihrerseits diese Verwend= ung höchst verschwenderisch. Die dreißig Silberlinge, um welche man einig geworden, werden aus dem Tempelschatze herbeigeholt. Wiederum erhebt sich Nikodemus, protestirt feierlich gegen den abscheulichen Handel, lehnt jede Betheiligung ab und verläßt un= willig, aber fest und charaktervoll mit Joseph von Arimathea den Sitzungssaal. Die Rathsmitglieder rufen ihm höhnisch nach, er solle doch in die Gesellschaft des Galiläers eintreten; den Judas aber fordern sie auf, die dreißig Silberlinge anzunehmen und Mann zu sein. „Ich bin's zufrieden", antwortet Judas, „denn jetzt gelingt's, den Verlust einzubringen." Damit tritt er hastig an den Tisch, zählt gierig die Silberlinge Stück für Stück, und kehrt mißtrauisch das eine oder das andere auch um, prüfend, ob es vollwichtig und gut sei. Nachdem Judas das Mordgeld eingestrichen, wird ihm gesagt: „Deinen Lohn hast Du; nun beeile Dich!" — „Heute noch", lautet die Antwort, „soll er in euren Händen sein." Er enthüllt ihnen seinen Plan und verlangt dazu eine Rotte Kriegsknechte, um Jesum im Dun= kel der Nacht am Bache Cedron zu überfallen. Auch verab= redet er das Zeichen des Verrathes. Sie billigen den Plan und er will gehen; die rachgierigen Tempelhändler aber, hungrigen Geiern gleich, weichen ihm nicht mehr von der Seite, und der hohe Rath gibt ihm aus Mißtrauen noch eines seiner Mitglie= der zur Ueberwachung mit. Es melden sich zu diesem Auftrage mehrere, aus denen Einer gleichsam mit Auszeichnung bestimmt wird. Um dem Werke die Krone aufzusetzen, bedauert schließ= lich der alte Annas gar wehmüthig, daß die Schwäche seines Alters ihn hindere, die Begleitung des Judas zu übernehmen. So wird die Sitzung geschlossen und die Mitglieder des hohen Rathes gehen auseinander unter dem grauenvollen Rufe: „Er sterbe, er sterbe, der Feind unserer Väter!"

Hiemit endet die erste der vier Hauptabtheilungen.

Zweite Hauptabtheilung.
Siebente Vorstellung.

1.

Von jetzt an sieht man mit gespannter Aufmerksamkeit dem Leiden des Heilandes entgegen. Der Zuschauer wird auf das=

selbe vorbereitet durch die weiter folgende alttestamentliche Vor=
stellung. Dieselbe enthält drei Bilder. Das erste führt uns
Adam vor, wie er im Schweiße seines Angesichtes sein Brod
verdienen muß [1]). Dadurch wird Christi Blutschwitzung vorge=
bildet. Adam hält in der einen Hand die Grabschaufel, mit
der andern trocknet er sich den Schweiß von der Stirne; hinter
ihm sind zwei Kinder, die sich mit Ausreißen und Fortschleppen
von Dornen und Disteln beschäftigen. Auf der linken Seite,
etwas mehr im Hintergrunde sieht man die Eva; sie hat das
kleinste Kind auf ihrem Arme; ein etwas größeres schmiegt sich
an ihre Seite, einen Apfel in der Hand haltend; zwei andere
Kinder spielen allerliebst mit einem Lämmchen. Die ganze An=
ordnung ist vortrefflich.

Das Chor leitet dieses Bild ein und erklärt es durch fol=
genden Gesang:

Judas, ach, verschlang den Bissen
    Bei dem Abendmahle
Mit unheiligem Gewissen,
Und der Satan fuhr sogleich in ihn.
    Was du thun willst, sprach der Herr,
Judas, dieses thu' geschwind. Und er
Eilte aus dem Speisesaale
    In die Synagoge hin
Und verkaufte seinen Meister.

Bald ist vollbracht, bald ist vollbracht
    Die schrecklichste der Thaten.
Ach! heute noch in dieser Nacht
    Wird Judas ihn verrathen.
O kommet Alle, kommet dann
Und sehet mit die Leiden an,
    Im Schatten erst und bald im Lichte
        Erscheinet sie —
    Die traurigste Geschichte
    Von Gethsemani.

O wie sauer, o wie heiß
    Wird es Vater Adam nicht!
Ach, es fällt ein Strom von Schweiß
    Ueber Stirn und Angesicht.
Dieses ist der Fluch der Sünde.

---

1) I. Moses 3, 17.

Gottes Fluch drückt die Natur;
   Darum gibt bei saurem Schweiße
   Und bei stetem Muth und Fleiße
   Sie die Früchte sparsam nur.

So wird's unserm Jesus heiß,
   Wenn er auf dem Oelberg ringt,
   Daß ein Strom von blut'gem Schweiß
   Ihm durch alle Glieder dringt.
Dieses ist der Kampf der Sünde! —
Für uns kämpfet ihn der Herr,
Kämpfet ihn in seinem Blute,
Zittert, bebet; doch mit Muthe
Trinkt den Kelch der Leiden er.

Hierauf erscheint ein anderes Bild. David hatte Amasa
geboten, die Männer Juda zu berufen wider Sebar, den Sohn
Bochris [1]). Amasa zögerte damit; und nun ordnet David eine
besondere Verfolgung Seba's an. Joab eilt hinter dem Feinde
seines Herrn her. Da kommt ihm Amasa zu Gesicht. Er tritt
diesem, der nichts Böses argwöhnt, entgegen und spricht: „Wie
geht es dir, Bruder?" — Er greift mit der Rechten an Amasa's
Bart, um ihn zu küssen; zugleich aber greift er zu seinem
Schwerte, dessen Amasa nicht gewahr wird, und stößt es durch
dessen Leib, so daß die Eingeweide herausfallen und Amasa
stirbt. Diese Scene füllt die Mitte des Bildes; auf beiden
Seiten stehen Krieger. Der Chorgesang zu diesem Bilde ist
sehr ergreifend und lautet:

Den Auftritt bei dem Felsen Gabaon
Den wiederholet Judas, Simons Sohn
         Ihr Felsen Gabaon!
Warum steht ihr ohne Zierde —
Sonst der Nachbarn stolze Würde —
Wie mit einem Trauerflor umhüllet da?
Saget, ich beschwöre euch, saget: was geschah?
         Was geschah?
Flieht Wanderer, fliehet schnell von hier!
Verflucht sei dieser blutgedüngte Ort;
Da fiel, von einer Meuchlerhand durchbohrt
         Ein Amasa,

1) II. Kön. 20.

Vertrauend auf der heil'gen Freundschaft Gruß,
Getäuscht durch Joab's falschen Bruderkuß.
O ruft in unsere Stimme: Der Fluch sei dir!
		Der Fluch sei dir.
Die Felsen klagen über dich,
Die blutgedüngte Erde rächet sich. —
Verstummet, Felsen Gabaon, mit eurer Stimme,
Und hört und spaltet euch vor Grimme!
		Ihr Felsen Gabaon!
So verräth den Menschensohn
Ach mit heuchlerischem Gruße
Und mit falschem Kusse
Als der Führer einer Rott'
Judas, der Iskariot.
		Ihr Felsen Gabaon!
Vernehmet unsern Schwur
Und fluchet diesem Scheusal der Natur!
Ihm flucht das ganze Erdenrund.
Eröffne, Erde, deinen Schlund;
Verschlinge ihn! — Der Hölle Feu'r
Verzehre dieses Ungeheu'r.

Das dritte Bild zeigt uns den starken Samson, verrathen von Dalila und gebunden von den Philistern, die ihm die Augen ausstachen und mit ehernen Ketten fesselten [1]). Der starke Held mit seinem blonden Haare stehet in der Mitte, auf allen Seiten von Kriegsknechten angepackt und sich vergeblich gegen dieselben wehrend. Die Ketten sind ihm bereits angelegt. Ringsum stehen noch viele Krieger und rechts im Vordergrunde die falsche Dalila, mit der einen Hand auf den verrathenen Geliebten deutend und mit der anderen die abgeschnittenen Haarlocken, das Zeichen seiner Kraft, emporhaltend. Dalila ist eine schöne Erscheinung. Das Bild ist in seiner trefflichen Ausführung von tief gehender Wirkung. Der Chorgesang lautet:

Samson überwunden —
Jesus in Gethsemani gebunden.
Samson seinen Feinden hier zum Spotte —
Jesus in Gethsemani einer Rotte.
Hier steht der Held, der so viel Feinde schlug,
Der Starke, der auf seinen Schultern trug
Die Thore Gazens auf die Berg' hinan.
Entkräftet steht er hier nun dieser Mann. —

1) Richt. 16.

Ein Spott der Leute,
Der Feinde Beute,
Die ihn, ergrimmt
Zum Tode längst bestimmt.

Ach, schändlich fiel er, überwunden
Durch eines Weibes Schmeichelei;
Ach, schändlich wird er nun gebunden,
Und hingeschleppt zur Sklaverei.

So legt der Tugend überall
Die niedere Bosheit Stricke,
Hier bringt sie Weiberlist zum Fall,
Dort arger Männer Tücke.

Ach, nimmer läßt das Laster nach,
Das Gute zu verderben.
So fiel einst Samson in die Schmach,
So muß auch Jesus sterben.

O hütet euch, daß nie die Glut
Unreiner Lieb' euch blende!
O wahret vor verrathenem Blut
Der Unschuld eure Hände.

2.

Der Vorhang steigt wiederum, und der Oelberg liegt vor
den Augen der Zuschauer. Jesus gelangt mit seinen Jüngern
unter Gespräch am Oelberg an. Den Petrus, Johannes und
Jakobus nimmt er mit sich tiefer in den Oelgarten hinein, die
übrigen Jünger heißt er am Eingange des Gartens bleiben. Wie er näher in den Vordergrund kommt, spricht er:
„Meine Seele ist betrübt bis in den Tod. Bleibet hier und
wachet mit mir!" Von Todesangst überfallen, entfernt er sich
sodann, kniet nieder und betet voll rührender Innigkeit: „Vater, wenn es möglich ist, so gehe dieser Kelch von mir! Doch
nicht wie ich will, sondern wie du willst." Nach seinem Gebete
kehrt Jesus zu seinen drei Jüngern zurück, die er schlafend findet. Er mahnt sie nach den Worten der Schrift freundlich und
liebvoll, sie möchten doch mit ihm wachen und beten. Dreimal
wiederholt er sein Gebet, und dreimal geht er zu seinen Jüngern mit derselben Mahnung. Nachdem Christus von seinem
dritten Falle sich erhebt, sieht man sein Angesicht mit Blut über-
ronnen. Es ist das ein schmerzlicher Anblick, aber die Darstellung ist treu und wahr. Auch erscheint während des dritten

Falles in einer Wolke ein Engel, der dem Heiland einen Kelch vorhält und ihn stärkt.

Diese Scene ist tief gefühlt und daher von größter Wirkung. „Die Hingebung in den Willen des göttlichen Vaters", schreibt L. Clarus [1]), „und daneben dieses menschliche Zittern und Zagen, die Angstgebete, die Schlaftrunkenheit und die von derselben wieder überwundene Verzagtheit der Jünger, das Leeren des Leidenskelches, waren über alle Schilderung vortrefflich dargestellt. Tiefstes, unauslöschliches Weh senkte sich in der Zuschauer beklommene Brust."

Nachdem man den furchtbaren Seelenkampf des Erlösers als bittere Vorkost der Kreuzigung reichlich und theilnehmend genossen, wird die Schmerzempfindung noch größer, da man über den Mann der Schmerzen neues Leid hereinbrechen sieht. Indem nämlich Christus, nachdem er zum dritten Male, von seinem Gebete sich erhoben, noch mit den halbwachen Jüngern spricht, kommt Judas mit einer bewaffneten Rotte zum Garten herein. Der Verräther geht rasch, aber unsicher auf Jesus zu und küßt ihn mit den Worten: „Meister, sei gegrüßt!" Warnend blickt Jesus den Judas an und nennt ihn noch „Freund." Aber umsonst. Nun tritt Jesus der Rotte entgegen und fragt: „Wen suchet ihr?" „Jesus von Nazareth" — ist die krächzende Antwort. Mit fester und würdiger Stimme erwidert Christus: „Ich bin's." Bei diesen Worten fallen die Soldaten mit einander und auf einmal wie vom Donner getroffen zu Boden. Ihre Bestürzung ist sehr gut dargestellt. Da nun zieht der rasche Petrus sein Schwert und schwingt es gegen Malchus, dem er das Ohr weghaut. Auf den Schmerzensschrei des Malchus heilt Christus augenblicklich das Ohr wieder; dem Petrus aber verweist er diese Handlungsweise nach der Erzählung der Bibel. Alle diese Vorgänge werden mit solcher Geschwindigkeit und Gemessenheit ausgeführt, daß sie der Würde Christi nicht im Mindesten schaden und der Blick deren Zusammenhang kaum fassen kann. Endlich gibt sich Christus freiwillig der Wuth der Kriegsknechte hin, die ihn mit Gewalt ergreifen, festhalten, binden und unter Hohn und Zetergeschrei wegführen. Die Jünger gerathen in sichtliche Furcht und fliehen aus einander, während der Heiland fortgeschleppt wird, um den Hohenpriestern vorgestellt zu

_____

1) A. a. O. S. 123.

werden. Während der Vorhang herunterrollt, sehen wir ihn noch der schmählichsten Mißhandlung preisgegeben. Mächtig ist der Eindruck, der hiedurch bewirkt wird. Christus ist gebunden, verhöhnt, beschimpft, verrathen von seinem Jünger, verlassen von seinen Liebsten. Nur schwer ist zu schildern, wie tief alles dieses in der Seele empfunden wird. Devrient faßt die ganze Wirkkung dieser Vorgänge in folgende Worte zusammen [1]): „Als der Heiland nun gebunden, mit Hohngeschrei hinweggeführt wird, und alle, auch die liebsten Jünger entflohen sind, vollendet sich der Eindruck von der unermeßlichen Einsamkeit des Erlösers unter seinen Mitlebenden auf eine erschütternde Weise. Wir haben es mit angesehen und gehört, wie Alles um ihn her, auch seine vertrautesten Jünger, ihn immer mißverstanden, wie er zu ihnen fast immer wie in den Wind geredet, wie es den drei Vertrautesten in der Stunde seines Ringens mit dem Opferungsentschlusse möglich war, zu schlafen und wieder zu schlafen trotz der dringenden Mahnung des tiefgebeugten Meisters; wie nun Petrus nichts kann, als einmal dreinschlagen und dann davonlaufen, um sich sogar dreimal zu verschwören und zu verfluchen, daß er den Meister nicht kenne; wie keiner, auch nicht Johannes, den wir beim Abendmahle so zärtlich an des Freundes Brust liegen gesehen, mit ihm geht und sagt: Wo du bist, will auch ich sein, und was du leidest, will ich mitleiden; wie Alle, auch Alle ihn verlassen und fliehen, und er allein dahingeht, gebunden und verhöhnt, mit der unermeßlichen Liebe in der Brust, um für dieses elende, klägliche Geschlecht zu sterben. Diese ungeheure einsame Größe hat mir erst die Gewalt der dramatischen Kunst — wenngleich nur in einem Dorfschauspiele — vor die Seele gebracht."

Dritte Hauptabtheilung.

Achte Vorstellung.

1.

Mit der folgenden Vorstellung beginnt die dritte Hauptabtheilung unseres Passionsspieles. Der Chor tritt auf, macht

---

1) A. a. O. S. 26 und 27.

einen Rückblick auf den Oelberg und verkündet den Zuschauern, daß der Kampf der Schmerzen begonnen habe. Er singt:

> Begonnen ist der Kampf der Schmerzen,
> Begonnen in Gethsemani.
> O Sünder, nehmet es zu Herzen,
> Vergesset diese Scene nie!
> Für euer Heil ist dies gescheh'n,
> Was auf dem Oelberg wir gesch'n.
> Für euch betrübt bis in den Tod
> Sank er zur Erde nieder;
> Für euch drang ihm, wie Blut, so roth
> Der Schweiß durch alle Glieder.
>
> Begonnen ist der Kampf der Schmerzen ꝛc. ꝛc. (wie oben).

Der Vorhang hebt sich, der Chor tritt zurück und man sieht das Bild des Michäas, wie er einen Backenstreich bekommt, weil er als Prophet dem Könige Achab die Wahrheit sagte[1]). Dieses soll ein Vorbild sein von dem Schlage ins Angesicht, den Christus beim Verhöre vor dem Hohenpriester empfängt. Diese Beziehung erklärt der Chorgesang also:

> Wer frei die Wahrheit spricht,
> Den schlägt man ins Gesicht.
> König! Du wirst unterliegen,
> Solltest Ramoth du bekriegen.
> Dies ist, was Michäas spricht.
> Dich vom Unglück dann zu retten,
> Glaube, König, Baals Propheten,
> Dieser Schmeichler Lügen nicht!
>
> Doch die Wahrheit des Michäas
> Schmeichelt einem Achab nicht,
> Und der Lügner Sedekias
> Schlägt dafür in's Angesicht.

Hier fällt der Vorhang; der Chor fährt fort:

> Lügner, Heuchler, Schmeichler pflücken
> Rosen. Loorbeer ohne Müh';
> Nur die Wahrheit muß sich bücken,
> Denn die Wahrheit schmeichelt nie.
>
> Jesum über seine Lehren,
> Seine Thaten zu verhören,
> Räumt das Recht sich Annas ein.

---

1) III. Kön. 22, 24.

Um zu wissen, was ich lehrte,
Frage Jeden, der mich hörte, —
Wird die Rede Jesu sein.

Doch die Wahrheit auf die Fragen,
Schmeichelt einem Annas nicht;
Und die Unschuld wird geschlagen —
Jesus in das Angesicht.

Lügner, Heuchler :c. (wie oben).

2.

Nach Vollendung dieses Gesanges erblicken wir den Hohen-priester Annas auf dem Balkon seines Hauses. Er wartet voll Ungeduld auf den Anzug der Rotte mit dem gefangenen und gefesselten Nazaräer; er freut sich und preißt die Stunde glück-lich, in der ihm die Nachricht von der Gefangennahme Jesu zu Theil geworden. Dem Judas, der mit Mehreren vorausge-gangen, ruft er zu: „Dein Name soll für ewige Zeit obenan stehen in unseren Jahrbüchern." Judas aber, an welchem eine unheimliche Scheue sich bemerkbar macht, fängt nun an, vor sei-nem gethanen Schritte zurückzuschaudern und will die Verant-wortlichkeit dafür von sich abwälzen, indem er spricht: „Ich will nicht für sein Blut verantwortlich sein." Kalten Hohnes erwie-dern sie ihm: „Er ist nun in unserer Gewalt." Inzwischen hört man von ferne her schallendes Hohngelächter; die Kriegs-knechte erscheinen mit dem gebundenen Heiland und stoßen ihn mit abscheulichster Brutalität vor sich her. Vor dem Palaste des Hohenpriesters hält der Zug still. Jesus wird auf Befehl des Annas auf den Balkon geführt, während die tobende Menge sich unten aufstellt. Es beginnt das Verhör, das mit schadenfroher Theilnahme von dem Volkshaufen begleitet wird. Sogar die Heilung des Malchus kommt unter den Anschuldigungen vor. Da Christus nicht antwortet, wird er darüber zur Rede gestellt, warum er nicht spreche, wenn die Obrigkeit frage. Christus antwortet ihm mit hoher Würde: „Ich habe öffentlich vor der Welt geredet; ich habe immer in Synagogen und im Tempel, wo alle Juden zusammenkamen, meine Lehre vorgetragen und habe Nichts im Verborgenen gelehrt. Warum fragst du mich? Frage die, welche meine Lehre gehört haben; sieh, diese müssen es wissen, was ich gelehrt habe!" Auf diese Antwort erhält er

von dem dienstfertigen Sklaven einen Backenstreich mit den Wor=
ten: „So antwortest du dem Hohenpriester?" — Christus er=
widert ruhig: „Habe ich unrecht geredet, so beweise es; habe
ich aber recht geredet: warum schlägst du mich?"

Darauf wird der Heiland der Rotte wieder übergeben, um
ihn zu Kaiphas zu führen. Die Kriegsknechte ergreifen ihn und
zerren ihn über die Vorbühne in die andere Straße hinein. Nun
beginnt das Hin= und Herschleppen von einem Richter zum an=
dern. Das Alles geschieht mit einer solchen Lebendigkeit, als
wenn es sich wirklich darum handle, einen höchst gefährlichen
Menschen, auf den man schon längst gefahndet, endlich einmal
aus dem Wege zu schaffen. Die Soldaten rühmen sich ihres
Triumphes über den Wehrlosen und spotten seiner. Auch wenn
man den Zug nicht mehr sieht, hört man das Höhnen und Ver=
wünschen. — In weiter Entfernung erblickt man nun in der
Straße zwei Männer, die nicht in die Mißhandlung mit ein=
stimmen. Es sind die Apostel Petrus und Johannes. Die Be=
trübniß und Angst ihres Herzens spricht sich in ihren Mienen
und Geberden aus. Zaghaft folgen sie ihrem göttlichen Meister.

Diese Scene entwickelt die ganze Würde und Hoheit Christi.
Ein mächtiger Schauer über die schmähliche Verkennung des
Gottmenschen und dessen unbesiegbare Gelassenheit und Sanft=
muth ergreift den Zuschauer [1]).

---

1) Mit dem Schlusse dieser Scene wird manchmal eine einstündige
Pause angekündigt, um nach den vier Stunden, die das Spiel
schon gedauert, einige Erholung zu haben und das Mittagessen
einzunehmen. Häufig aber, besonders wenn man Regen fürchtet,
wird diese Pause auch unterlassen und durch volle acht Stunden
das Passionsspiel unausgesetzt fortgeführt. Das Schauspiel aber,
das sich während der Pause darbietet, und dessen Spieler die
Zuschauer selbst bilden, ist, wenn auch ganz anderer Art, doch
außerordentlich belebt. Ein Theil der Zuschauer ergießt sich
eilig in das Dorf zurück in alle Häuser, um in der kurzge=
messenen Frist den lärmenden Magen zu befriedigen, was
indessen bei dem großen Andrange nicht ohne Schwierigkeit ge=
schieht. Den seltsamsten Anblick in dem großen Strome dieser
bunten Menge bieten die Spieler, die in ihrem ganzen oder
halben Theatercostüme eben auch dem Rufe des hungrigen Ma=
gens Folge leisten. Es ist interessant zu sehen, wie neben
Tyroler Hirten, schwäbischen Bauern und eleganten Münchner
Damen die Kinder Israels aus der Wüste, die Rabinen aus dem

Neunte Vorstellung.

1.

Wie die heilige Schrift erzählt, schrieb die Königin Jeza=
bel, um ihren Gemahl den Weinberg des edlen Naboth zu ver=
schaffen, im fingirten Namen des Königs an die Aeltesten der
Stadt, worin Naboth wohnte, und beauftragte sie, liederliche
Subjekte zu dingen und dahin zu stimmen, daß sie gegen Na=
both falsches Zeugniß ablegten, er habe Gott und den König
gelästert. Darauf hin solle man ihn zum Tode verurtheilen
und steinigen. Durch diese blutvolle Frevelthat wußte sie den
Weinberg des gerechten Naboth an den König zu bringen[1]. —
Während der Vorhang sich hebt, erscheint Naboth knieend. Das
falsche Zeugniß ist wider ihn geredet. Die Königin verdammt
ihn zum Tode. Ringsum steht das Volk und wirft Steine auf
den unschuldig Verurtheilten. Der Chor erklärt die Beziehung
zwischen der ungerechten Verurtheilung Naboths und der Christi
durch folgenden Gesang:

Synedrium, die Töchter Jerusalems, den Hofstaat des Königs
Assuerus, die römischen Kriegsknechte und die Chorsänger lachend
und scherzend und die Bekannten grüßend, nach ihren be=
scheidenen Wohnungen laufen. — Ein Theil der Zuschauer
aber, besonders die Landleute, die sich, wie gewöhnlich zur
Wallfahrt, ihren Reisevorrath von daheim im Quersack oder im
Tuche mitgenommen haben, bleiben auf ihren Sitzen und öffnen,
einander mittheilend, ihre mitgebrachten Schätze, während wieder
Andere in der bloßen Absicht, um ihren Platz für den Nach=
mittag nicht zu verlieren, mit staunenswerther Geduld auf dem=
selben zurückbleiben und sich den Proviant von Außen zuführen
lassen. Als ich das Passionsspiel besuchte, wurde keine Pause
gemacht; und ich halte dafür, daß der Totaleindruck auch viel
größer und inniger sei, wenn das Spiel ohne Zwischenpause zu
Ende gebracht werde. Die immer wach gehaltene Spannung,
das große Interesse für die hl. Sache, die lebendige Darstellung
lassen kaum Ermüdung oder Hunger fühlen. Zur Vorsorge aber
versieht man sich auf Anrathen der Ammergauer nebst einem
Bröbchen mit einem „Spitz" Wein, aus dem man hie und da
einen labenden Schluck thun kann.

[1] III. Kön. 21.

Wie blutet mir das Herz!
Ach, Jesus wie ein Bösewicht
Muß er der Sünder Bosheit tragen,
Verrathen und beschimpft, gebunden und geschlagen. —
Wem zittert nicht im Auge eine Thräne? —
Von Annas weg zum Kaiphas fortgerissen, —
Was wird er da, ach! leiden müssen!
Seht hier im Bilde diese Leidensscene.

Es sterbe Naboth! Fort mit ihm zum Tod!
Gelästert König, dich, gelästert hat er Gott!
   Er sei vertilgt aus Israel!
So geifern wild die Lästerzungen,
   Von einer losen Jezabel
Zu einem falschen Eid gedungen.

Ach, mit dem Tode rächet man,
Was Naboth nie verbrochen,
Der Weinberg wird dem König dann
Von Schurken zugesprochen.

Dies ist ein treues Bild der Welt;
So gebts noch öfters heute.
Das arme fromme Lämmchen fällt
Dem starken Wolf zur Beute.

Ihr mächt'gen Götter dieser Welt,
Zum Wohl der Menschheit aufgestellt,
Vergeßt bei Uebung eurer Pflicht
Des unsichtbaren Richters nicht!

Bei ihm sind alle Menschen gleich,
Sie mögen dürftig oder reich,
Geadelt oder Bettler sein;
Gerechtigkeit gilt ihm allein.

Das andere Vorbild zeigt den frommen Job, wie er von seinen Freunden freventlich verurtheilt und sogar von seinem Weibe beschimpft, nach Gottes Willen geduldig und ergeben ausharrt. Job sitzt in einem Hofe auf einem Dunghaufen, dürr, abgezehrt, zusammengeschrumpft, dazu mit Geschwüren bedeckt, ein wahres Jammerbild, welches das größte Mitleiden erregt. Auf der einen Seite stehen mit höhnender Miene die Freunde, auf der andern sein böses Weib, das in getreuester, wahrhaft Zorn erregender Weise der lebendige Ausdruck des gemeinsten Spottes und der boshaftesten Beschimpfung ist. Dieses Bild

 seutet besonders auf das „Ecce Homo", wie der Chor in fol=
gendem Gesange erklärt:

Seht, welch ein Mensch! — Ach, ein Gerippe,
Ein Graus — ein Eckel der Natur!
Wie windet sich um Wang' und Lippe
Ein ausgedörrtes Häutchen nur!

Seht, welch ein Mensch — Ach wie geschunden
Sieht man bis auf das Mark hinein!
Das Eiter träuft aus seinen Wunden
Und Fäulung frißt schon sein Gebein.

Ach, welch ein Mensch! - - ein Job in Schmerzen!
Ach, wem entlockt er Thränen nicht?
Sein Weib doch, seine Freunde scherzen
Und spotten seiner in's Gesicht.

Ach, welch ein Mensch!
Wer mag ihn einen Menschen nennen?
Vom Fuße hin bis an sein Haupt
Wird aller Zierde er beraubt.

Ach, welch ein Mensch!
Ihr Augen weinet heiße Thränen!
Ach, Jesus — ach, ein Mensch nicht mehr,
Der Menschen Spott und Hohn wird er.

Ach, welch ein Mensch!
O alle ihr gerührten Herzen!
Ach, Jesus, — Jesus, Gottes Sohn
Wird loser Knechte Spott und Hohn
Bei endelosem Kampf der Schmerzen!
Ach, welch ein Mensch!

2.

Jesus wird nun zu Kaiphas geführt, der mit den in sei=
nem Saale versammelten Vertrauten über den guten Erfolg der
Anschläge sichtlich erfreut ist. Um wenigstens der Form Genüge
zu leisten, ruft man nach Zeugen. Sogleich treten zwei auf und
erklären sich bereit, gegen Jesus Zeugniß abzulegen; aber sie ge=
rathen untereinander mit der ganzen Heftigkeit des jüdischen
Charakters in Streit, ob Jesus gesagt habe: Ich will den Tem=
pel, oder ich will diesen Tempel zerstören und in drei Tagen
wieder aufbauen. Alle sind jedoch darin einig, daß er sterben

müsse. Ehe das ganze Synedrium versammelt wird, wollen sie hier ein vorläufiges Verhör mit ihm anstellen. Jesus, der Mißhandelte steht nun den Fanatikern in stummer und doch so unendlich vielsagender Würde gegenüber; einer um den andern steht von seinem Sitze auf, tritt vor ihn hin, um ihn höhnend und geifernd seinen Vorwurf in's Gesicht zu schreien. Er hat Gott gelästert und den Tod verdient, ist ein einmüthiger Schluß. Beim Abführen sprechen die Kriegsknechte zu ihm: „Wenn auch kein Wort, so wollen wir ihm doch manchen Seufzer lospressen."

Es folgt nun eine andere Scene. Jesus wird in die Halle des Gerichts abgeführt. Mägde zünden hier Feuer an und höhnen den armen Heiland, wo möglich noch spöttischer als die rohen Kriegsknechte. Inzwischen naht trauernd Johannes mit Petrus. Johannes tritt ein und sucht ängstlich nach dem Meister; er faßt die Umstehenden in's Auge, um auf ihrem Gesichte gleichsam das Loos des Heilandes zu sehen. Furchtsam und unschlüssig bleibt Petrus vor der Thüre und wartet, bis Johannes auch ihm Zutritt erwirkt hat. Das ist nun der unglückliche Augenblick, in welchem Petrus schwach wird und seinen Herrn verleugnet. Ein kräftiger Hahnenschrei ertönt, und Petrus hat seinen Gott zum ersten Mal verleugnet; der Hahn kräht zum zweiten Male, und er hat ihn abermals verleugnet. Kaum aber hat er unwillig zum dritten Male seine Verleugnung wiederholt und betheuert: „Bei meiner Ehre, ich kenne diesen Menschen nicht", so wird ihm der dritte Hahnruf zum Wecker seines Gewissens. Die sichtlichste Reue prägt sich auf seinem Gesichte aus, erschreckt fährt er auf, will hinaus, und spricht bitter klagend: „Ach, bester Meister, wie hab ich mich verloren! Wie tief bin ich gefallen! Bester Meister, diesmal noch höre die Stimme meines bangen Herzens!" — Im tiefsten Schmerzgefühle wirft er sich dann auf seine Kniee nieder und fleht: „Diese Hoffnung hab ich zu dir, du wirst mir vergeben." — Er entfernt sich und Johannes folgt im klagend als Bild der verfolgten Kirche. Die Kriegsknechte setzen hierauf in der Halle ihr höhnisches Spiel mit dem gebundenen Himmelskönige fort; ein Schimpf schmählicher wie der andere, ein Spott schändlicher als der andere. Sie schlingen dem Heilande eine Binde um den Kopf und ihn anspeiend und schlagend fragen sie, seiner Gottheit spottend: „Wer hat dich geschlagen?"

So groß aber auch die Abscheulichkeit ist, womit Christus behandelt wird, so wird doch seine ruhige Haltung, der sichere Adel und die erhabene Würde in seinem Benehmen durch Nichts erschüttert. Selbst die brutalen Stöße der Kriegsknechte, welche ihn stolpern machen wollen, überwindet er durch seine unbesiegbare Standhaftigkeit und Gelassenheit. Nach jeder gewaltsamen Einwirkung auf seine Stellung, die bei rückwärts gebundenen Armen um so mühsamer im Gleichgewicht zu halten ist, erlangt er sogleich wieder das ruhige Gleichmaß seiner Haltung und Bewegung. Kein Ungeschick und keine Uebertreibung entweiht den Auftritt. Bei der ganzen Scene bleibt, trotz aller erniedrigenden Schmach, der Gedanke gegenwärtig, daß hier der König des Himmels das leide, und alle niedrige Empfindung fällt lediglich auf die Henker zurück. In allen diesen schmachvollen Leiden erscheint Christus als erhabener Sieger, und seine erhabene Person gewinnt dadurch gleichsam noch an Würde und Verklärung [1]).

Zehnte Vorstellung.

1.

Das folgende Bild zeigt uns den gottlosen Kain, wie er, getrieben von seinem bösen Gewissen, in wilder Angst unstet und flüchtig auf der Erde umherirrt, das Zeichen des Fluches an der Stirne tragend. Er ist das Vorbild des Verräthers Judas in seiner fruchtlosen Reue und Verzweiflung. Der Chor leitet das Bild durch folgenden Gesang ein:

> O weh dem Menschen! — sprach der Herr,
> Der mich wird übergeben,
> Es wäre besser ihm, wenn er
> Erhalten nie das Leben.
> Und dieses Weh', das Jesus sprach,
> Folgt Judas auf dem Fuße nach.
>
> In vollen Schaalen wird es sich ergießen.
> Laut schreit um Rache das verkaufte Blut.
> Gegeißelt von dem nagenden Gewissen,
> Gepeitschet von der Furien Wuth,

---

1) Vgl. L. Clarus a. a. O. S. 130 und 131; Ed. Devrient a. a. O. S. 30.

Rennt Judas rasend scheu umher
Und findet keine Ruhe mehr;
Bis er, ach, von Verzweiflung fortgerissen
Hinwirft von sich in wilder Hast
Des Lebens unerträglich schwere Last.
So flieht auch Kain. — Ach, wohin?
Du kannst dir selbst doch nicht entflieh'n.
In dir trägst du der Höllenqual;
Und eilest du von Ort zu Ort,
Sie schwingt die Geißel fort und fort;
Wo du bist, ist sie überall;
Und nie entrinnst du deiner Pein.
Dies soll der Sünder Spiegel sein; —
Denn kommt die Rache heute nicht —
Wird noch der Himmel borgen;
So fällt das doppelte Gericht
Auf ihre Häupter morgen [1]).

2.

Einen ernsten Gegensatz zum Leiden der Unschuld bildet die beginnende Gewissensqual der Schuld in Judas. Er kommt allein; die Genossen seines Frevels, die ihn gebraucht, bedürfen seiner nicht mehr — sie, die sich doch früher an ihn herange= drängt. Von einer dunklen Ahnung, die er sich selbst nicht zu

---

1) Statt des fliehenden Kain, der im Jahre 1860 zum ersten Male dargestellt wurde, ward früher Architophel gezeigt, der meineidig den Aufruhr Absolons gegen David geschürt hat und darum von David verfolgt wird; er geräth in seiner Bedrängniß in Bestürzung und voll Verzweiflung eilt er nach Hause und er= henkt sich. Die dahin bezügliche Strophe des Chorgesanges fuhr fort:

Im Fluche wie Architophel
Zur Hölle ausspeit seine schwarze Seel.
So hat durch Selbstmord sich entehrt
Architophel, der Bösewicht,
Der gegen David sich empört.
Der Strafe doch entfloh er nicht;
Architophel ist todt und David lebt.
Wer andern eine Grube gräbt,
Der fällt der Erste selbst hinein.
Dies soll der Sünder Spiegel sein.
Denn, kommt die Rache heute nicht 2c.

deuten weiß geängstigt, seufzt er: „Wehe mir; ich will in dem Hause des Kaiphas dem Ausgange nachforschen; verflucht sei der Schritt, den ich gewagt! Von den rächenden Geistern der Hölle gehetzt, die nun die Stelle der Krämer vertreten, und von Gewissensbissen zerrissen, fährt er fort: „So soll also ich für sein Blut verantwortlich sein? — Nein, das lag nicht im Vertrage, verfluchte Synagoge! Vor die Füße will ich euch mein Geld werfen. — Doch, wird der Meister dadurch gerettet werden? — Schon einmal machte er sich unsichtbar, vielleicht — aber wie? Das beruhigt mich nicht. Noch einmal seid verflucht! Keinen Antheil will ich haben an dem unschuldigen Blute." — So geht Judas. Jesus aber tritt auf, von den Wachen hin und her gestoßen, ein Bild des tiefsten Harmes und der unbegreiflichsten Geduld. Der fluchwürdige Hohn begleitet ihn selbst in die Versammlung des hohen Rathes. Die Knechte wissen nur zu gut, welch ein Gefallen der Versammlung durch eine solche Behandlung geschieht. Der hohe Rath spricht über ihn als einen Gotteslästerer das Todesurtheil. Judas stürzt herein, ihn zu retten. Allein es ist zu spät. Mit aller Kälte verweist man den verzweiflungsvollen Verräther zur Ruhe. Er aber antwortet empört: „Keine Ruhe für mich! Ihr habt mich zum Verräther gemacht. Gebt die Unschuld heraus. Meine Hände sollen rein sein!" — Ihre Ohren sind aber taub gegen die Angstrufe. Judas geräth in Wuth, wirft mit Ungestüm den Seckel, dem er Alles geopfert, dem hohen Rathe vor die Füße und wiederholt den Fluch über seine Schuldgenossen: „So sollt ihr denn mit mir zu Grunde gehen!" So stürzt er rasend hinaus. Der hohe Rath läßt das hingeworfene Geld aufheben; weil es aber Blutgeld ist, so beschließen sie mit ächt pharisäisch zartem Gewissen, dasselbe nicht in den Tempelkasten zu legen, sondern dafür einen Leichenacker für Fremdlinge zu kaufen, der in Folge dieses Vorganges Hakeldama, d. h. Blutacker genannt wurde. Dann beschließen sie noch, Alles aufzubieten, um den Tod Jesu vor dem nahen Feste zu beschleunigen. „Von nun an", spricht daher Jesus, „wird der Menschensohn in seiner Herrlichkeit zur Rechten des allmächtigen Vaters sitzen." Sie dagegen rufen in stolzer Siegesfreude: „Die ganze Welt soll von uns reden und von unserm Siege über den Galiläer." Um die Beschleunigung der Ausführung des Urtheils zu erlangen, gehen drei Rathsmitglieder zu Pilatus ab. Aber Pilatus ist Heide und sein

Palaſt zugleich das Gerichtshaus. Um ſich daher nicht zu ver-
unreinigen, gehen ſie nicht in das Haus ſelbſt, ſondern bitten um
eine Zuſammenkunft mit dem Römer im Garten. Ueber dieſe
falſche Gewiſſenhaftigkeit macht der Thürhüter des Pilatus die
treffende Bemerkung: „O ihr verſchmitzten Schelme, die ihr Ka-
meele verſchluckt und Mücken abſeiget"! Darauf zeigt ſich die
Mittelbühne in einen Wald verwandelt, mit vielen lebendigen
Bäumen. Dies iſt der Schauplatz, an welchem der Verräther
enden wird. Dieſe Scene iſt bis zur Furchtbarkeit entſetzlich.
Judas erſcheint. Wie wahnſinnig irrt er in der Gegend Jeru-
ſalems umher. Nirgends will ſich ihm eine Stätte der Ruhe
bieten. Der ewige Wurm der heftigſten, aber unfruchtbaren
Reue zernagt mit gräßlichem Zahne ſein Herz. Den Himmel
hat er verkauft und die Hölle hat ihn arm und entblößt gelaſſen.
Das erkennt er mit ſchrecklicher Gewißheit. So ruft er ver-
zweifelnd: „Ich kann die Folter meines Gewiſſens nicht länger
aushalten; er hat mich gewarnt, der Gütigſte; mein Verrath
hat mich für immer von ſeinen Jüngern ausgeſchloſſen; für mich
iſt keine Hoffnung, keine Verzeihung, keine Rettung." Zwar
will ihm in dieſer Nacht ein Lichtſtrahl aufgehen. Er erinnert
ſich nämlich der Milde und Liebe, womit Chriſtus ſo viele Sünder aufnahm, und will ſich entſchließen, auch um Barmherzigkeit
zu bitten. Da aber treiben ihn wiederum die Furien der Hölle
und in wildeſter Verzweiflung ruft er etwa: „Nein, das kannſt
du doch nicht! Wie? Deinem Meiſter nochmals unter die Augen treten? Das kann ich nicht. Meine Sünde iſt zu groß, als
daß ich Verzeihung erhalten könnte. Nein! Für mich keine Verzeihung, keine Rettung!" Raſend gegen ſich ſelbſt ſchlägt er
ſeine Bruſt, rauft Haare und Bart, wirft dann den Mantel
ab, reißt den Gürtel vom Gewande und erſieht den verhängnißvollen Baum. Mit dem verworrenſten, ſchrecklichſten Blicke
ſieht er ihn einen Augenblick an, ſpringt an ihn heran, bricht
mit wilder Haſt und wahrhaft übermenſchlicher Anſtrengung die
untern Zweige ab, die ihn hindern könnten, beſteigt den Baum,
wirft den Gürtel um einen Aſt, ſchlingt ihn um ſeinen Hals
und läßt dann ſeine Füße von den unteren beſtiegenen Zweigen ab-
gleiten, ſo daß er frei dahängt. In dem nämlichen Augenblicke
fällt der Vorhang und verhüllt den Anblick des erhenkten Selbſt-
mörders. „Dieſe ganze Scene fällt mit der Wucht entſetzlichſter
Naturwahrheit dem Zuſchauer auf's Herz. Der grelle Schrei

der Verzweiflung zerreißt das theilnehmende Ohr und doch er=
hebt über allen Jammer die beruhigende Gewißheit einer ewi=
gen Vergeltung [1])."

Hiemit ist die Rolle des Judas ausgespielt. So schwierig
und undankbar dieselbe ist, so hat sie doch der Darsteller in
Allem recht gut aufgefaßt und durchgeführt. Drastischer kann
wohl weder die Versuchung durch den Mammon, noch das trau=
rige Ende des Verstockten dargestellt werden. Während der ge=
fallene Petrus in seiner tiefen Reue unser Herz bis zu Thränen
der Theilnahme bewegt, und die schuldbeladene Seele aufrichtet,
indem ihr der Weg zur Wiederversöhnung und Rettung gezeigt
wird, so erfüllt uns der gesunkene Judas trotz seiner furchtbaren
Reue und Gewissensqual nur mit Abscheu, der sich durch sein
verfluchtes Ende bis zum Entsetzen steigert. Die Wirkung ist
groß, und gewiß dürfte diese Darstellung für gar manchen ge=
sunkenen Menschen die heilsamste Missionspredigt sein; denn man
sieht da die Charaktergröße leibhaftig vor sich, die in der Er=
hebung vom Falle liegt, aber ebenso tritt auch die furchtbare
Verabscheuungswürdigkeit der Verstockung in stärkster Weise vor
unser Auge.

Eilfte Vorstellung.

1.

Nach dieser schaubererregenden Scene zeigt ein weiteres Vor=
bild, wie die Landvögte aus Haß und Neid den Daniel, weil
er den Muth hatte, noch einen höheren Gott als den König
Darius zu bekennen, vor dem königlichen Throne beschuldigen
und es dahin bringen, daß Daniel in die Löwengrube geworfen
wird [2]). Mit demselben Haß und Neid treten auch die Hohen=
priester und Schriftgelehrten gegen Jesus auf, bringen ihre
Klagen bei Pilatus vor, und dringen darauf, daß Jesus zum
Tode verurtheilt werde. Der Chor betrachtet diese Beziehung
zwischen Daniel und Christus durch folgenden Gesang:

> Gelästert hat er Gott,
> Wir brauchen keine Zeugen mehr.
> Verdammt zum Tod
> Ist vom Gesetze er:

---

1) L. Clarus a. a. O. S. 134.
2) Dan. 6.

So lärmt das Synedrium.
Auf! zu Pilatus wollen wir,
Ihm unsere Klage vorzubringen;
Das Todesurtheil zu erzwingen. —
In diesem stummen Bilde sehet ihr:
Wie Daniel zu Babylon,
Verklagt man fälschlich Gottes Sohn.
„Der Götter Feind ist Daniel.
O König, höre deiner Völker Klagen:
Zerstört hat er den großen Bel,
Die Priester und den Drachen er erschlagen.
Ergrimmt vor deinem Thron
Erscheint ganz Babylon.
Willst du von Volkeswuth dich retten,
So laß den Feind der Götter tödten.
Er sterbe! — König nur sein Tod
Versöhnet unsern großen Gott.“

So eilt das böse Sanhedrin
Ganz rasend zu Pilatus hin,
Wie jene Schurken dort gethan,
Und klagt mit wildem Ungestüm,
Voll Tigerwuth und Löwengrimm,
Die Unschuld auf den Tod nun an.

O Neid, satanisches Gezücht!
Was unternimmst, was wagst du nicht,
Um deinen Groll zu stillen? —
Nichts ist dir heilig, Nichts zu gut;
Du opferst alles deiner Wuth
Und deinem bösen Willen.

Weh dem, den diese Leidenschaft
In Schlangenketten mit sich rafft! —
Vor neidischen Gelüsten,
O Brüder, bleibet auf der Hut!
Laßt ja nicht diese Natterbrut
In eurem Busen nisten!

2.

Nach Vollendung dieses Gesangs erscheint Christus nochmals vor dem hohen Rath, um von Neuem verhört zu werden. Der hohe Priester Kaiphas fragt ihn unter Anderm, ob er Christus, der Sohn Gottes, sei; ja, er beschwört ihn, darauf zu antworten. Und als Christus feierlich ernst antwortet: „Ja, du sagst es“, da zerreißt der Hohepriester ganz außer sich sein Gewand und bricht in die Worte aus: „Er hat Gott gelästert! Was brauchen wir noch Zeugen! Was dünkt euch?" — Alle antworten: „Er ist des Todes schuldig!" Das ihn als Gotteslästerer verdammende Gesetz wird vorgelesen und Jesus zu Pilatus geführt. Dieser erscheint mit seinem Gefolge auf dem Balkone seines Hauses. Die Hohenpriester und mehrere Juden, die nachgefolgt sind, bringen nun ihre Anklagen vor. „Er ist ein Gotteslästerer", schreien sie, „ein Aufwiegler des Volkes, ein Feind des Kaisers, denn er verweigert die Abgaben, er wirft sich zum Könige auf" u. dgl. — Doch, daß dem nicht so sei, weiß Pilatus wohl; indessen wendet er sich im Tone des Richters mit Fragen an Christus. Jesus aber schweigt. „Sein Schweigen", rufen sie hinauf, „verräth seine Schuld; er hatte sich zum Könige der Juden aufgeworfen." Ihre Anklage näher zu prüfen, heißt Pilatus den Gefangenen zu sich hinaufführen und entläßt die Priesterschaft. „Bist du der König der Juden"? — fragt der stolze Statthalter des mächtigen römischen Kaisers den Heiland, der als das Bild scheinbarer Ohnmacht vor ihm steht. Christus antwortete ruhig und würdevoll: „Mein Reich ist nicht von dieser Welt. Ich bin dazu geboren und in die Welt gekommen, daß ich der Wahrheit Zeugniß gebe." Der irdisch gesinnte Pilatus begreift aber dieses Wort nicht, weil er die göttliche Sendung Jesu nicht versteht, und deßhalb fragt er als gleichgültiger Zweifler: „Was ist Wahrheit?" Obwohl nun Pilatus die Unschuld des Angeklagten betheuert, so bleibt er doch kalt und theilnahmslos für ihn und begnügt sich, nur zu sagen: „Nehmet ihn und richtet ihn nach eurem Gesetze; ich finde nach dem meinen keine Schuld an ihm." — „Wir aber", erwiedern sie, „dürfen Niemanden zum Tode verurtheilen." — „So führt ihn zu Herodes, aus dessen Gebiet er ist!" antwortet abweisend Pilatus, nachdem er vernommen, daß Jesus aus Galiläa sei. Darauf führen sie Jesum mit unzufriedenen Mienen ab.

Zwölfte Vorstellung.

1.

Da Christus von Herodes mit vielem Spott und Hohn behandelt wurde, so wird jetzt das alttestamentliche Vorbild eingeschaltet, wie Hanon, König der Amoniten, die Abgesandten

Davids beschimpfte. Man sieht die Abgesandten vor dem Kö=
nige dastehen mit halbgeschorenem Haupt und Bart und mit
Kleidern, die bis über die Kniee hinauf abgeschnitten sind. Mit
spöttischen Geberden stehen die Amoniten ringsum und deuten
auf die so beschimpften Gesandten hin. Der Chorgesang hiezu
lautet:

> Beschämt ist jetzt der Pharisäer Rotte.
> Er hat, so spricht Pilatus, Nichts gethan,
> Daß ich, wie ihr voll Neides schreit, zum Tode
> Den Ausspruch thun, das Urtheil fällen kann.
>
> Doch ach, was stellt vor meinem Blicke
> Für eine neue Scene sich? —
> Ich sehe, zitt're, beb' zurücke,
> Ein kalter Schauder packet mich.
>
> Wie Hanon einst zum Spott und Hohne,
> Bei halbgeschornem Bart und Kleide
> Beschimpfte eines Davids Leute,
> Gesandt von ihm zu dessen Thron:
> So wird die Unschuld auch gekränkt, —
> Wem schaudert nicht bei dem Gedanken! —
> Gestellt vor des Herodes Schranken
> Mit Spotte und mit Hohn getränkt.

2.

Es hat das Herumsenden Christi von einer Autorität zur
anderen begonnen. In der Pracht und Ueppigkeit eines Sar=
danapal erscheint der gekrönte Lüstling Herodes, ein stattlicher
Herr, der, von seinem Hofgefolge umgeben, in der Mitte des
Hintergrundes auf erhöhtem goldenen Armstuhle sitzt. Er trägt
ein gelbes Sammetkleid mit silbernem und schwarzem Besatze.
Sein Haupt deckt ein schwarzer Turban. Vornehme Priester
und Krieger sind anwesend. Als die Menge mit dem Heilande
vor dem Palaste erscheint, werden nur die Häupter des Zuges
eingelassen. Herodes sieht in dem gebundenen, mißhandelten, ver=
spieenen Jesus einen thörichten, einfältigen Phantasten. Auf die
Fragen des Herodes gibt Christus keine Antwort. Auch sein
vorwitziges Begehren, ein Wunder von Jesu zu sehen, ist um=
sonst.

In seinem ganzen Auftreten und Handeln ist Herodes das
getreue Bild eines üppigen, frivolen Großen, dem Alles Höhere

Narrentheiding, dem es nur um einen augenblicklichen Genuß, einen neuen Kitzel zu thun ist. Der Welttheiland soll ihm einen Hokuspokus vormachen; er schlägt ihm dafür allerlei vor: „deute mir den Traum, den ich in letzter Nacht geträumt; thu' ein Wunder, hebe dich vom Boden empor, verwandle jene Rolle, die dein Todesurtheil enthält, in eine Schlange; — Du willst nicht? — Du kannst nicht! — Das sollte dir doch ein Leichtes sein!"

Da Herodes keinen Erfolg seines angestellten Verhöres sieht, so setzt er sich scheinbar im vornehmen Stolze über die Sache hinweg, läßt dem Heilande ein Spottkleid anthun und einen Scepter in die Hand geben, und schickt ihn so wieder zu Pilatus zurück. Die Juden sind aber damit durchaus nicht zufrieden, sondern schleppen den verspotteten und verhöhnten Gottmenschen unter dem Rufe: „Er sterbe! Er sterbe!" wieder fort. — Diese Scene war lehrreich und gut gezeichnet in Anordnung und in Durchführung. In dem Schweigen, sowohl vor dem hohen Rathe, als vor Pilatus und ganz besonders vor Herodes, liegt eine bewunderungswürdige Größe, und schweigend in stiller Herrlichkeit stand er als Sieger da. Da erst, bemerkt dazu ein Berichterstatter, erkannte ich zum ersten Male die große Macht des Schweigens [1]).

Dreizehnte Vorstellung.

1.

Aus Selbstsucht hatten einstens Jakobs Söhne ihren unschuldigen Bruder Joseph verkauft und ihre Schandthat dadurch zu verbergen gesucht, daß sie vorgaben, ein wildes Thier habe den Joseph zerrissen. Zum Beweise dieser Aussage haben sie den Rock Josephs in Blut getaucht und dem greisen Vater vorgezeigt [2]). Aus Selbstsucht haben auch die jüdischen Priester den Heiland zum blutigen Kreuzestode gebracht. Diese innere Beziehung soll durch das nun folgende lebende Bild dargestellt werden. Wir sehen Josephs Brüder mit dessen blutbeflecktem Rocke vor dem

---

1) Aehrenlese, ein kath. Wochenblatt. Jahrg. 1860 Nr. 47.
2) I. Mos. 37.

jammervollen, alten Vater. Jakob ist von Schmerz gebeugt und ringt die Hände. Umher stehen entsetzt einige Männer und Frauen. Das Bild ist schön und bereitet den Zuschauer auf die Geißlung vor, bei welcher Christi Leib zerrissen und mit Blut bedeckt wurde. Der Chor besingt dieses Vorbild in folgendem Gesange:

Sie haben noch nicht ausgewüthet,
    Vollendet noch nicht ihren Plan,
Den von der Hölle ausgebrütet,
    Nur Satans Neid vollbringen kann.

Ihr Felsen spaltet euch und stürzet nieder!
Bedecket diese Schurken, Satans Brüder!
Nicht länger soll ihr Leben — nein —
Nicht länger mehr gefristet sein!

O welche schaudervolle Scene!
Des Joseph Rock mit Blut besprengt!
Und an den Wangen Jakobs hängt
Der tiefsten Trauer heiße Thräne.

„Wo ist mein Joseph, meine Wonne?
An dessen Aug' mein Auge ruht?
An diesem Rocke hängt das Blut,
Das Blut von Joseph, meinem Sohne."

Ein wildes Thier hat ihn zerrissen,
Zerrissen meinen Liebling. — Ach!
Dir will ich nach —, dir, Joseph, nach.
„Kein Trost kann dies mein Leid versüßen."
    So jammert er, so wimmert er
    Um Joseph, und er ist nicht mehr.

So wird auch Jesu Leib zerrissen
    Mit wilder Wuth,
    Sein kostbar Blut
In Strömen aus den Wunden fließen.

Auf dieses Vorbild folgt noch ein zweites. Es zeigt uns den Altar, auf welchem Isaak als Opfer kniet. Abraham steht zur Seite vor dem im Dornenstrauche verwickelten Widder, der statt des Isaak zum Opfer bestimmt ist und von Abraham an den Hörnern festgehalten wird[1]). Dieses Bild soll sich auf die

---

1) I. Mos. 22.

Krönung mit der Dornenkrone beziehen, wie der Chor durch
folgenden Gesang andeutet:

Abraham, Abraham, tödt' ihn nicht!
Dein Glaube hat, so spricht
Jehova — ihn, den Einzigen, gegeben.
Er soll nun wieder dein — zum Völker Glücke leben.

Und Abra'm sah im Dorngesträuch
Verwickelt einen Widder steh'n;
Er nahm und opferte sogleich
In, von Jehova auserseh'n.

Ein groß Geheimniß zeigt dies Bild,
Im heil'gen Dunkel noch verhüllt.
Wie dieses Opfer einst auf Maria,
Steht Jesus bald gekrönt mit Dörnern da.

Ihr Alle, die ihr hier vorübergeht,
Ach, steht stille, habet Acht — und sehet:
Wo trifft man einen Schmerzen an,
Der diesen Schmerzen gleichen kann!

2.

Nachdem der Chor abgetreten, wird Jesus bei Pilatus
wieder verhört, und Pilatus findet abermals keine Schuld an
ihm. „Bei meiner Ehre", verkündet er dem Volke, „ich kann
kein Verbrechen an ihm finden." Das Volk aber achtet nicht
auf diesen Ausspruch und wird, von den jüdischen Priestern fort=
während aufgestachelt, nur um so unruhiger. Pilatus merkt
dies und fängt bereits an zu schwanken; er will als Staats=
mann einen klugen Ausweg finden; er macht noch einmal den
Priestern und dem Volke beschwichtigende Vorstellungen, und
weil auf das Opferfest die Gewohnheit einen Verbrecher frei
gibt, so schlägt er ihnen die Auswahl zwischen Christus und
Barrabas vor. Kaum aber hat Pilatus diesen Vorschlag ge=
macht, so bringen die Juden nur noch ungestümer auf den Tod
Jesu und rufen: „Er muß sterben, der Gotteslästerer, der Ver=
ächter unseres Gesetzes; an's Kreuz mit ihm!" Pilatus schwankt
noch mehr bei diesem Rufe und bequemt sich schon zur offenba=
ren Ungerechtigkeit, indem er den unschuldig erklärten Jesus zu der
harten Strafe der Geißelung verurtheilt. Allerdings geht Pila=
tus dabei von der Voraussetzung aus, daß das Volk hiedurch

beschwichtigt werde; allein er hat nicht erwogen, daß die Hyäne, wenn sie einmal Blut gekostet, nach mehr dürstet. Das Blut, das der Heiland durch die Geißelung verliert, macht sie nur noch wuthschnaubender und grimmiger gegen das ausersehene Opfer.

Die Geißlung selbst geschieht hinter dem Vorhange und von dorther hört man das Toben und Spotten der Kriegsknechte, sowie auch das klatschende Niederfallen der Geißel. Indem der Vorhang steigt, fallen die letzten Geißelstreiche und man sieht den Heiland an die Martersäule gebunden — ein wahres Jammerbild, er ist mit Blut bedeckt und fällt, sobald er von der Säule losgebunden wird, kraftlos zusammen. Nachdem er sich wieder mühsam aufgerafft, wird er im Spottmantel und mit dem Rohrscepter in der Hand auf einen Schemmel gesetzt, der den königlichen Thron andeuten soll. Das Verhöhnen und Spotten steigert sich und geht sogar so weit, daß sie Jesum vom Schemmel herabstoßen. Da seine Arme gebunden sind, so muß er mit der ganzen Schwere seines Körpers hinfallen, und doch fällt er so leicht und schön, daß seine erhabene Würde nicht nur nichts leidet, sondern sogar noch erhöht wird. Dieses vortreffliche Spiel, diese würdevolle Haltung geben allen Marterscenen so gewaltige und so reine Eindrücke, daß dieselben nicht leicht sich verwischen können. Roh und grausam heben die Kriegsknechte den Heiland wieder auf, und reißen ihn auf seinen Sitz nieder, indem sie spotten: „Setze dich, ein König soll nicht stehen!" — Nun wird auch die Dornenkrone herbeigebracht und unter wilden Hohnausbrüchen auf Jesu Haupt gesetzt; sodann treten vier Schergen heran, deren zwei und zwei je einen Stab an beiden Enden halten. Diese Stäbe legen sie über die Dornenkrone und drücken dieselbe so gewaltsam in das Haupt, daß Blutstropfen über das Antlitz herabrinnen. Unter Spott und Hohngelächter fällt der Vorhang. — Dieser Anblick war furchtbar; er durchschnitt das Herz und wäre, wie L. Clarus [1]) bemerkt, nicht auszuhalten gewesen, wenn nicht die himmlische Ergebung des an der Schlachtbank angekommenen Lammes das Gemüth gehoben hätte, so daß jene Scheußlichkeit als Verherrlichungsmittel dieser himmlischen Gelassenheit erschien.

---

1) A. a. O. S. 139.

Vierzehnte Vorstellung.

1.

Nach dem furchtbaren Eindrucke der vorigen Scene bedarf das Herz gleichsam einer Aufrichtung, einer Erholung. Dieselbe wird ihm zu Theil durch das folgende Vorbild. Nachdem nämlich der wieder auftretende Chor einen kurzen Rückblick auf die vollführten Marterscenen gemacht und betrachtet hat, was Jesus gelitten, wie er geblutet und geduldet hat für fremde — für unsere Schuld: so zeigt er als wohlthuenden Gegensatz zu dem Jammerbilde „Ecce Homo" — den ägyptischen Joseph, wie er von Pharao hochgeehrt wird [1]). Dieser hat seinen Günstling mit seinem Ringe begnadigt, ihn köstlich gekleidet, ihm eine goldene Kette um den Hals gehängt, läßt ihn auf seinem zweiten Wagen umherfahren und dabei unter Posaunenschall ausrufen: „Beuget euch, denn gesetzt hat er ihn über das ganze Land Aegypten." Dieser Festzug ist in der That prächtig. Joseph steht als blühender Jüngling in königlichem Gewande frei auf einem herrlichen Triumphwagen und hält den Scepter in der Hand; zur Seite gehen zwei Sklaven, die das Antlitz Josephs vor der Sonne schirmen. Voran schreitet ein Herold. Zahlreiches jubelndes Volk begleitet den Zug. Die Gruppen sind ausgezeichnet dargestellt, besonders die der Kinderschaaren. Der Wechselgesang des Chores bezieht sich bald auf Joseph, bald auf Jesus:

Gegeißelt grausam und gekrönet,
Verspottet wüthend und verhöhnet
Ward Jesus, wie ein Bösewicht.
Wer sah ihn leiden, bluten, dulden —
Den heiligsten für fremde Schulden,
Und fühlte dieses Mitleid nicht?
    Ach welch ein Mensch!
Wer sieht an ihm der Gottheit Spur?
    Ach welch ein Mensch!
Ein Wurm, ein Spott der Henker nur!
    Seht, welch ein Mensch!

---

1) I. Mos. 41.

Zur Hoheit Joseph auserwählt;
Seht, welch ein Mensch! -
Zum Mitleid Jesus vorgestellt.

Laut soll es durch Aegypten schallen:
Es lebe Joseph hoch und hehr!
Und tausendfach soll's wiederhallen:
Aegyptens Vater — Freund ist er!
Und Alles stimme — groß und klein —
In unsern frohen Jubel ein!

Du bist Aegyptens Trost und Freude,
Ein Glück, wie ihm noch keines war.
Dir, Joseph, bringt Aegypten heute
Die Huldigung voll Jubel dar.
Laut soll es durch Aegypten schallen ꝛc. (wie oben).

Als zweiter Landesvater thronet
Er nun in unsrer Mitt' und Brust!
Der Herbes nur mit Segen lohnet —
Ihm Heil, des Landes Stolz und Lust!
Laut soll es durch Aegypten schallen ꝛc. (wie oben).

Diesem Vorbild schließt sich noch ein zweites an, in welchem
erfüllt erscheint, was Jehovah einstens geboten hatte, nämlich
Aaron sollte zwei Böcke nehmen und über sie zwei Loose werfen, eines für Jehovah, das andere für Azazel. Der Bock, auf
welchen das Loos für Jehovah gefallen, solle von Aaron zum
Sündopfer dargebracht, der Bock dagegen, auf welchen das Loos
für Azazel gefallen, solle lebendig vor Jehovah gestellt werden,
um ihn zu versöhnen, und solle man denselben in die Wüste
entlassen [1]). — Das Bild zeigt einen Altar, vor welchem
Moses im Gebete knieet. Seitwärts liegt ein blutender Bock,
von Aaron geschlachtet. Rings umher steht das Volk. Auf eine
treffende Art deutet der Chorgesang das Bild auf Jesus und
Barrabas, von denen der erstere gleichfalls zum Opfer für die
Sünden des Volkes geopfert ward, während der andere entlassen
wurde. Der Gesang lautet:

Des alten Bundes Opfer dies,
Wie es Jehova bringen hieß.
Zwei Böcke wurden vorgestellt,
Darüber dann das Loos gefällt,

---

1) III. Mos. 16.

Wen sich Jehovah auserwählt.
Jehovah, durch das Opferblut
Sei deinem Volke wieder gut!

Das Blut der Böcke will der Herr
Im neuen Bunde nimmermehr;
Ein neues Opfer fordert er.
Ein Lamm von aller Mackel rein,
Muß dieses Bundes Opfer sein.
Den Eingebornen will der Herr:
Bald kommt, bald fällt, bald blutet er.

Es folgt nun ein doppelter Chorgesang. Der Chor auf
der Vorbühne hebt nämlich einen Wechselgesang mit dem jübi-
schen Volke an, das hinter der Scene sich hören läßt. Dieser
Wechselgesang ist ergreifend und stellt in getreuer Weise das ra-
sende Wuthgeheul der blinden aufgestachelten Leidenschaft als Gegensatz zu der ruhigen, innig flehenden Vertheidigung der Unschuld dar; er lautet:

Chor: Ich höre schon ein Mordgeschrei:

Volk: { Barrabas sei
von Banden frei.

Chor: { Mein Jesus sei
von Banden frei! —
Wild tönet, ach, der Mörder Stimm':

Volk: An's Kreuz mit ihm! An's Kreuz mit ihm!

Chor: { Ach seht ihn an! Ach seht ihn an
Was hat er Böses wohl gethan?

Volk: { Entläßt du diesen Bösewicht,
Dann bist des Kaisers Freund du nicht.

Chor: { Jerusalem! Jerusalem!
Das Blut des Sohnes rächet noch an euch der Herr.

Volk: Es falle über uns und unsere Kinder!
Chor: Er komme über euch und eure Kinder!

2.

Wie sich der Vorhang wieder erhebt, sehen wir die Entwicklung eines Straßenaufruhres. Derselbe ist ganz vortrefflich dargestellt. In den Seitenstraßen beginnt er; in der Mittelbühne schwillt er immer tumultarischer an. Jetzt stürmt er her-

aus und nimmt die ganze Vorderbühne ein, indem er sich an die Wohnung des Pilatus zusammendrängt. Der Landpfleger, der nochmals ein heimliches Verhör mit Jesus vorgenommen, erscheint mit seinem Gefolge auf dem Balkon in funkelnden römischen Trachten und sagt den Juden nochmals, daß er keine Schuld an Jesus erkenne. Er läßt, um das Mitleid des Volkes für Jesus rege zu machen, den Barrabas, einen in Sünden ergrauten Bösewicht, herbeibringen und ihn neben das Bild des Jammers und der Unschuld stellen, hoffend, sie würden doch nicht den Mörder statt des Schuldlosen losverlangen [1]. Allein das Volk verlangt schreiend, daß der Mörder Barrabas freigegeben, Jesus aber gekreuziget werde. Es ist dasselbe Volk, das wir beim Einzuge Christi „Hosanna" rufen hörten. — Pilatus, der noch durch seine Gemahlin gewarnt wird, schwankt zwar noch einige Zeit; weil aber die Juden mit der Ungnade des Kaisers drohen, fürchtet er sich und gibt nach; er läßt Wasser bringen, wäscht sich die Hände, fällt das Todesurtheil über Jesus, bricht den Stab über ihn und wirft die Stücke des Stabes hinab zu den Füßen des Volkes. Das Volk zeigt sich darüber wie vor Siegestummel berauscht und zieht in seiner Mordlust von der Bühne ab unter dem schallenden Rufe: „Es lebe unser Statthalter Pontius Pilatus!"

---

1) Christus tritt als wahrer Ecce Homo auf — bemerkt Dr. Sepp zu dieser Scene vom Jahr 1850 —, und macht einen großartigen Eindruck; ja er ist weitaus die imponirendste Persönlichkeit und auch durch den würdevollen Vortrag die hervorragendste Gestalt im ganzen Spiele; jede Passion würde ohne diesen Mann nicht der Passion sein. Dagegen ist unter den stummen Mithandelnden Barrabas von Keinem übertroffen; er ist geradezu eine meisterhafte Figur, und wie Christus gewiß nie besser dargestellt worden. Es ist ein ergrauter Bösewicht, wie man ihn anschauen mag; ein kurzstämmiger verzwickter Geselle und ausgemachter Gauner und Schelm, der sicher schon oft Ketten getragen und immer noch Galgen und Rad in der letzten Stunde entgangen ist. Den Barrabas auf der Bühne meinen wir natürlich und nicht den armen alten Holzhauer, der ihn so trefflich darstellte und eigens von den Bergen herabstieg und beim Comité die Bitte einlegte, man möge ihm doch sein früheres Aemtlein wieder lassen, da er ja Nichts zu reden habe. (S. bei Deutinger a a O. S. 241 und 242.)

„Es ist nicht zu sagen", schreibt E. Devrient [1]), „welch
einen tiefen Eindruck das sichtbare Mitleben dieser Vorgänge
macht. Der Spruch, der einen der wichtigsten Grundsätze für
das Drama abgibt: „was die Augen sehen, glaubt das Herz",
bewährt sich hier in vollster Bedeutung. Da wir nun auch den
letzten Schützer zurücktreten sehen, Pilatus, den billigen, recht=
lichen Mann, der aber auch Nichts als ein Staatsmann ist, der
sich zuletzt in die Umstände fügt, auch wenn sie eine Ungerech=
tigkeit und eine Verleugnung seiner Ueberzeugung fordern, und
der seine Satisfaktion dann in der Ausführung eines politischen
Coups — der Kreuzüberschrift — findet; als er Wasser brin=
gen läßt und vor dem Volke die Hände wäscht, dann den Stab
über Jesus bricht und die Stücke herabwirft; als Barrabas
frei gelassen, der Erlöser aber mit den beiden Mördern zusam=
mengethan, die edle, reine Gestalt zwischen den beiden, wüsten
Kerlen in grauen Kitteln dahingeführt wird, und Priester und
Volk hinten dreinziehen mit Ausrufungen rechtlicher Genugthu=
ung — da fällt die ganze Wucht des Erdenelends über uns.
Erschütternder ist es mir noch nie vor die Seele getreten, als
durch dieses Schauspiel: wie das Menschenideal von Allem, was
menschlich heißt, von diesem Schwall von Leidenschaft, Verblend=
ung und elender Schwäche förmlich aus dem Erdenleben hin=
ausgedrängt wird."

Fünfzehnte Vorstellung.

1.

Was vom Leiden des Erlösers noch zu betrachten ist, das
verkündet uns die nächste Scene mit ihren drei Bildern aus
dem alten Testamente. Das erste Bild ist der kleine Isaak, der
das Holz, auf welchem er verbrannt werden soll, selbst den Berg
Moria hinauf schleppt. Der alte Vater Abraham geht ihm zur
Seite. Die Beziehung dieses Vorbildes ist leicht zu finden und
wird vom Chore durch folgenden Gesang verdeutlicht:

> Betet an und habet Dank!
> Der den Kelch der Leiden trank,

---

1) A. a. O. S. 32.

Geht nun in den Kreuzestod
Und versöhnt die Welt mit Gott.

Wie das Opferholz getragen
Isaak selbst auf Moria,
Wanket, mit dem Kreuz beladen,
Jesus hin nach Golgatha.

Betet an und habet Dank ꝛc. (wie oben).

Das zweite Bild veranschaulicht, wie Moses in der Wüste
die aus Erz gegossene Schlange auf einem Querholze erhöht [1]).
Auch Christus wurde am Kreuze erhöht. Der Chor erklärt die
Beziehung kurz:

Angenagelt wird erhöhet
An dem Kreuz der Menschensohn.
Hier an Moses Schlange sehet
Ihr des Kreuzes Vorbild schon.

Betet an ꝛc. (wie oben).

Im dritten Bilde zeigt sich uns abermals die Schlange am
Kreuze [2]). Moses steht unweit derselben und zeigt darauf hin.
Neben ihm steht Aaron. Ringsum befindet sich das Volk und
schaut andächtig und vertrauend auf dies Zeichen. Es ist ein
schönes Bild. Die von den Schlangen gebissenen Israeliten liegen in furchtbarem Schmerze auf dem Boden, die noch gesunden
sind von Furcht und Angst sichtlich ergriffen. Wie der Anblick
der ehernen Schlange die von den giftigen Schlangen Gebissenen
heilte, so ist auch Christus vom Kreuze herab für die von dem
Gifte der Sünde verpestete Menschheit Heiland und Erlöser.
Diese Bezeichnung hebt der Chor durch seinen Gesang recht
schön hervor:

Von den gift'gen Schlangenbissen
Ward dadurch das Volk befreit!
So wird von dem Kreuze fließen
Auf uns Heil und Seligkeit.

Betet an und habet Dank ꝛc. (wie oben).

---

1) IV. Mos. 21.
2) Ebend.

2.

Nachdem der Chor abgetreten ist, folgt eine tief ergreifende Scene: Jesus mit dem schweren Kreuze beladen wird nach Golgatha geführt. Von ferne schon hört man das Herannahen des Zuges. Der erste, der vor dem Zuge als dessen Führer sichtbar wird, ist ein römischer Hauptmann zu Pferd, der das Legions- oder Cohorten-Zeichen mit der Inschrift: Senatus Populusque Romanus führt. Hinter ihm schreitet Jesus, fast zusammenbrechend unter der Last des großen und schweren Kreuzes, das er mühsam dahinschleppt, umgeben von vier Henkersknechten, in scharlachrothen, kurzen Beinkleidern und mit zurückgestreiften Hembärmeln; dann folgen die beiden Schächer mit ihren Kreuzen; an diese schließen sich Soldaten, Priester, Schacherjuden und das übrige Volk aus Jerusalem. Unsere ganze Aufmerksamkeit wendet sich natürlich dem der Kreuzeslast erliegenden Heilande zu. Ein erbarmungswürdiger Anblick bewegt er sich als ergreifende und zur furchtbarsten Wahrheit gewordene Jammergestalt tief gebeugt fort. Selbst die Dornenkrone ist ihm nicht abgenommen; schwer drückt das Kreuz dieselbe gegen den Kopf. Endlich stürzt der Heiland, entkräftet und gebrochen, mit dem Kreuze nieder. Sein Fall ist so ergreifend, daß er der Brust einen Schrei des Entsetzens erpressen möchte, aber doch wieder so kunstgerecht, daß die Würde des Heilandes in Nichts dabei leidet. Die Soldaten fluchen dem darniedergefallenen Jesus noch, lästern ihn und zerren mit ihren Stricken an ihm; sodann reißen sie ihn wieder auf, und, weil sie sehen, daß ihr Opfer unter der schweren Last zu erliegen scheint, so halten sie den Nichts ahnenden Simon von Cyrene, der gleichgiltig und ruhig seines Weges daher kommt, an und zwingen ihn, das Kreuz tragen zu helfen. Indem der Zug sich wieder in Bewegung setzt, nähern sich aus einer Seitenstraße die theilnehmenden Frauen, die, ihre Kinder auf den Armen, weinend und klagend vor ihn zu stehen kommen. Jesus wendet sich zu ihnen und spricht in sanftem, aber doch sehr ernstem Tone die bekannten Worte: „Ihr Töchter Jerusalems, weinet nicht über mich, sondern über euch und eure Kinder!" Der Zug bewegt sich auf die Mittelbühne zu, und zugleich sieht man rechts durch die Straße die Mutter Jesu herabkommen, die gestützt auf Johannes und Magdalena, in stummer Trauer langsam dem Zuge von ferne folgt.

Auf der Vorderbühne halten sie inne und Maria klagt um ihren
Sohn; Magdalena stimmt ein in die Klage, während Johannes
Worte des Trostes und der Verheißung dazwischen spricht. —
„Auch die wiederkehrenden bangen Klagen haben ihre herkömm=
liche Berechtigung. Die Marienklage fand von jeher im Volke
eine so tiefe Theilnahme, daß das Mittelalter für sie ganz ab=
gesonderte dramatische Gedichte hatte, die theils unter dem Kreuze,
theils am Grabe Christi spielten. Gewiß muß darum, wo die
Passion gehalten wird, die Marienklage ihr Recht haben[1].“
Nach dieser Scene tritt der Chor auf. Er hat die bunten
Kleider abgelegt und in Trauergewänder sich gehüllt. Stirn=
band mit Kreuz, Mantel, Gürtel, Sandalen sind schwarz. Die=
ses Erscheinen macht einen überraschenden Eindruck. Die Anrede
des Chorführers hat diesmal poetische Form und wird nach Art
der Melodrame von sanfter Musik begleitet; dieselbe lautet:

Auf fromme Seelen, auf und gehet
Von Reue, Schmerz und Dank durchglüht
Mit mir zu Golgatha und sehet,
Was hier zu eurem Heil geschieht!
Dort stirbt der Mittler zwischen Gott
Und Sünder den Vermittlungstod.
Ach! nackt, von Wunden nur bekleidet,
Liegt er hier bald am Kreuz für dich;
Die Rache der Gottlosen weidet
An seiner Blöße frevelnd sich;
Und er, der dich, o Sünder, liebt —
Schweigt, leidet, duldet und vergibt!
Ich hör' schon seine Glieder krachen,
Die man aus den Gelenken zerrt;
Wem soll's das Herz nicht beben machen,
Wenn er den Streich des Hammers hört,
Der schmetternd, ach! durch Hand und Fuß
Grausame Nägel treiben muß!

Während dieser letzten Worte vernimmt man hinter dem
Vorhange mehrere dröhnende Schläge, die durch Mark und Bein
gehen. Der Chorführer fährt fort:

Auf fromme Seelen, naht dem Lamme,
Das sich für euch freiwillig schenkt!
Betrachtet es am Kreuzesstamme:
Seht, zwischen Mördern aufgehängt,

1) E. Devrient a. a. O. S. 32 und 34.

Gibt Gottes Sohn sein Blut! —
Und ihr gebt keine Thräne ihm dafür? —
Selbst seinen Mördern zu vergeben,
Hört man ihn gleich zum Vater fleh'n,
Und bald, bald endigt er sein Leben,
Damit wir ew'gem Tod entgeh'n.
Durch seine Seite bringt ein Speer
Und öffnet uns sein Herz noch mehr. —

Hier wird die Stimme des Rebners in sanfter und
schöner Weise zu einem Gesang, der eben so unvermerkt ergreift
und begeistert, als er sich gebildet hat; derselbe bleibt gewiß
Vielen unvergeßlich und wiederholt sich so oft im Geiste, als sich
dieser des Passionsspieles erinnert. Er lautet:

Wer kann die hohe Liebe fassen,
Die bis zum Tode liebt,
Und statt der Mörder Schaar zu hassen,
Noch segnend ihr vergibt?

Nun fällt der Chor ein und schließt;

O bringet dieser Liebe
Nur fromme Herzenstriebe
Am Kreuzaltar
Zum Opfer dar!

Durch diesen innigen Klagegesang ist unser Schmerz zum
höchsten Affekte gesteigert, und so sind wir empfänglich für den
Höhepunkt der Darstellung, der nun folgt — für die Kreuzig=
ung Jesu.

Sechzehnte Vorstellung.

Sobald der Chor sich entfernt, steigt der Vorhang. Man
sieht die Schädelstätte. Soldaten, Priester und Volk füllen die
Bühne. Die beiden Schächer hängen schon am Kreuze; sie sind
mit Stricken daran festgebunden, die Arme sind über die Quer=
balken zurückgebogen. Das große Kreuz, auf welchem Christus
festgenagelt ist, liegt noch am Boden, aber etwas schräg, so daß
daß Kopfende höher gelegt ist, als der Fuß. Die von Pilatus
gesendete Inschrift wird trotz des Widerspruches von Seite des
Kaiphas an das Kreuz geheftet. Nun wird das Kreuz auf=
gerichtet und im Boden festgekeilt. Es ist ein erbarmungswürdiger

8*

Anblick; an dem Kreuze hängt Jesus eben so würdevoll als ge= duldig und ergeben. Der Eindruck, den dieses lebendige Crucifix macht, ist so mächtig, daß er den Athem zurückdrängt. „Die Gestalt", schreibt Ed. Devrient [1]), ist wahrhaft schön, die aus= gebreiteten Arme, das gesenkte Haupt machen den rührendsten Eindruck, der aber seine eigentliche Stärke durch das unmittel= bare dramatische Leben erhält, das uns um mehr als 1800 Jahre zurück nach Jerusalem und in's volle Mitgefühl mit de= nen, die dort unter dem Kreuze stehen, versetzt."

Unter dem Kreuze aber sehen wir Maria in tiefstem Mut= terschmerz versunken und von den frommen Frauen unterstützt; Johannes mit abwärts gerungenen Händen schaut aufwärts zu seinem geliebten Meister; Magdalena knieet vor Schmerz zerris= sen vor dem Kreuze und lehnt das Haupt mit aufgelösten Haa= ren gegen den Stamm des Kreuzes. Die Gerichtsdiener, Prie= ster und das Volk verspotten und verhöhnen den Heiland am Kreuze noch immerfort; am brutalsten aber zeigen sich die Kriegs= knechte, die, noch ehe der Heiland verschieden ist, unter Flüchen seine Kleider theilen, und auf die Erde gelagert, am Boden um den ungenähten Rock würfeln, nachdem sie mit dem Schwerte den Mantel zerrissen haben. Unterdessen öffnet Christus seinen Mund zu den bekannten sieben Worten und betet in rührendster Weise für seine Feinde; Vater, vergib ihnen, denn sie wissen nicht was sie thun." Da auch der linke Schächer in seiner Verstocktheit gegen Jesus lästert, wird er von dem rech= ten Schächer zurechtgewiesen; zugleich fleht dieser reuig um Gnade und erhält die trostvolle Verheißung: „Heute noch wirst du bei mir im Paradiese sein." Unaussprechlich rührend ist der Bund, den darauf der sterbende Jesus zwischen seiner Mutter Maria und dem Lieblingsjünger Johannes stiftet mit den Worten: „Weib, sieh deinen Sohn! — Sohn, sieh deine Mutter!" Nun erhebt er seinen Blick gen Himmel und ruft: „Eli, Eli, Lama Sabachtani!" Und in diesem höchsten Schmerze tönt weiter vom Kreuze herab: „Mich dürstet!" Nachdem der in Essig getauchte Schwamm ihm gereicht worden, ruft er mit durchdringender Stimme: „Es ist vollbracht!" Und alsbald darauf ertönt als letztes Wort: „Vater, in deine Hände empfehle ich meinen Geist!" —

---

1) A. a. O. S. 34.

Das Haupt senkt sich nach der rechten Schulter hin, der gemarterte Jesus stirbt.

Die Weihe der innigsten Rührung durchdringt die Seele; die Menge der Zuschauer sitzt wie versteinert da; nur vielfaches Schluchzen unterbricht die tiefste und feierlichste Todesstille, die mit dem Sinken des Hauptes eingetreten ist. Indessen werden die wenigen Augenblicke dieser furchtbaren Stille sofort durch ein eben so furchtbares Ereigniß unterbrochen. Rollende Donner tönen erschrecklich aus den Tiefen hervor; die Sonne zieht ihr Licht zurück, die Erde erbebt und bedeckt sich mit dem Schleier der Finsterniß, um das Schreckliche, das geschehen, gleichsam dem Anblicke des Himmels und der Erde zu entziehen. Sind hiedurch die Lästerer und Spötter schon kleinlaut, so werden sie bestürzt bei der Nachricht des hereinstürzenden Tempeldieners, daß der Vorhang des Tempels von oben bis unten zerrissen sei. Die verstockten Priester und das treulose Volk verlassen, sichtlich von ihrem bösen Gewissen gequält, den Ort der Kreuzigung. Die Schädelstätte wird allmählich leerer. Unterdessen kommt der Befehl, daß den Gekreuzigten die Beine zerschlagen werden sollen. Die Henkersknechte führen ihn mit blutgieriger Hast und mit ruhiger Sicherheit aus, indem sie auf Leitern emporsteigen und mit gewaltigen Kolben den beiden Schächern die Brust zerschmettern. Die Schächer, besonders der linke, stoßen einen entsetzlichen Schrei aus und sterben. Ohne Umstände knüpfen sofort die Henker die Leichen ab und schleppen sie schonungslos und aller Gefühle bar hinter die Scene. Nun wollen sie auch dem Heilande die Beine zerschlagen; allein, da sie ihn schon todt finden, so überhebt sie der Hauptmann des gräßlichen Geschäftes und öffnet unter dem Jammer Mariens mit der Lanze die Seite Christi, aus welcher Blut und Wasser fließen. Der Lanzenstoß ist eben so kräftig und sicher geführt, als er schauererregend für den Zuschauer ist.

Während die Henkersknechte sich anschicken, auch Jesu Leichnam vom Kreuze zu lösen, wehrt Maria in wehmüthiger Klage dagegen, und da unterdessen Joseph von Arimathäa die Erlaubniß von Pilatus erhält, den Leichnam wegzunehmen, so entfernen sich die Schergen und die Kriegsrotte.

Nun ist es leer und still geworden, und in dieser Stille wird Christus vom Kreuze abgenommen. Diese Kreuzabnahme gewährt einen sehr rührenden Anblick. Nikodemus und Joseph von Arimathäa sind bei derselben besonders thätig. Alles geschieht

mit der größten Sorgfalt und heiligsten Ehrfurcht. Gegen die
Rückseite des Kreuzes wird eine Leiter angelegt. Auf ihr schlingt
Nikodemus ein langes Leinentuch unter die Arme des Heilandes
hindurch um die Brust des Herrn und löset dann die Hände
vom Kreuze, aus denen er die langen Nägel herauszieht. Man
hört die Nägel zur Erde fallen. An einer von vorn angelegten
Leiter steigt Joseph von Arimathäa an's Kreuz hinauf, den Zuschauern den Rücken zuwendend. Der linke Arm, der zuerst gelöst ist, wird langsam und leise über die Schulter Josephs gelegt. Eben so sorgsam wird dann auch der rechte Arm befreit.
Diese Behutsamkeit, welche für den Darsteller, der wohl eine
viertel Stunde am Kreuze war, nothwendig erfordert wird, steigert ungemein die Achtung und Verehrung für den gekreuzigten
Erlöser. Wenn nun auch die Füße von den Nägeln befreit
sind, wird das Leichentuch oben von Nikodemus langsam nach-
gelassen, und behutsam und sicher trägt Joseph in seiner Umarm-
ung die heilige Bürde herab, die mit trauernder Ehrerbietung
in den Schooß der wehklagenden Jungfrau gelegt wird, in den
sorgsam weißes Leinen gebreitet ist. Auch die Nägel hebt Einer
der Anwesenden auf und legt sie bei Maria nieder. Alles geschieht mit feierlicher Ehrerbietung und feinstem Zartgefühl. Malerisch schön steht jetzt das Kreuz da mit der Leinwand, die oben
vom Querbalken weit über die Mitte des Kreuzes im schönen
Faltenwurf herabhängt.

„Die unbeschreibliche Schönheit dieses langdauernden und
lautlosen Vorgangs fesselt die Theilnahme der Zuschauer mit der
innigsten Rührung; fast kein Auge sah ich trocken, man hörte
nur die Frauen leise schluchzen. Es gibt uns eine wehmüthige
Genugthuung, daß unter seinem Kreuze sich doch die gesammelt,
die seinem Herzen die Nächsten, daß doch ein reicher Mann es
gewagt, sich die Leiche zu erbitten, daß wir den todten Leib
wenigstens aus den rohen Fäusten der Marterknechte befreit, in
der Obhut ehrfurchtsvollster Liebe sehen. Jede Sorgfalt, die
wir den heiligen Gliedern erwiesen sehen, fällt wie ein lindern-
der Tropfen in unsere Brust, und als der Leichnam nun auf
eine ausgebreitete reine Leinwand auf die Erde, das Haupt in
den Schooß seiner Mutter, der unwandelbar treuen Liebe, gelegt
wird, empfinden wir die süßeste und heiligste Beruhigung." So
schreibt nicht minder wahr und als tief gefühlt Devrient[1]) über

1) A. a. O. S. 34 und 35.

diese Scene, mit welcher in der That der Höhepunkt der ganzen Darstellung überschritten ist, da eine Steigerung nicht wohl
mehr möglich ist [1]).

Während der heilige Leichnam im Schooße Mariens liegt,
wird er ehrfurchtsvoll mit Linnentüchern, denen Spezereien bei-
gewickelt sind, umhüllt und so für das Begräbniß vorbereitet.
Sobann wird er voll Zartheit und Mitleid in das neue Grab
getragen, welches im Hintergrunde der Mittelbühne als offene
Felsengrotte erscheint. Indem der Vorhang fällt, schließt er diese
heilige Scene.

Vierte Hauptabtheilung.

Siebenzehnte Vorstellung.

1.

Die Kirche feiert nicht Passion ohne Ostern: so schließt
auch das Oberammergauer Passionsschauspiel nicht mit Golgatha
ab. Vorbei ist die Zeit des Leidens, es naht der große Triumph
des Siegers über Tod und Grab.

Die Chöre treten auf; sie haben ihre Trauerkleidung abgelegt, und die bunten Gewänder, in welchen sie erscheinen, zeigen an, daß sie Freude verkünden werden. — Als Vorbereitung
für die glorreiche Auferstehung des Gekreuzigten singen sie folgenden Hymnus, ebenso reich an Poesie, wie an Melodie:

Liebe! Liebe! In dem Blute
Kämpftest du mit Gottes Muthe
Deinen großen Kampf hinaus.
Liebe, du gabst selbst das Leben
Für uns Sünder willig hin.
Stets soll uns vor Augen schweben
Deiner Liebe hoher Sinn.
Ruhe sanft nun heil'ge Hülle,
In des Felsengrabes Stille,
Von den heißen Leiden aus!
Ruhe sanft im Schooß der Erde,

---

1) Vergl. Gartenlaube a. a. O. S. 550 und Archiv f. Natur ꝛc.
a. O. S. 29.

> Bis bu wirst verkläret sein !
> Der Verwesung Mober Werbe
> Nie dein heiliges Gebein!

Es folgen nun zwei Vorbilder, die sich auf die Auferstehung Jesu beziehen. Im ersten erblicken wir im Hintergrunde das Meer, das etwas bewegt ist und auf welchem ein Fahrzeug sich befindet. Aus dem Grunde ist ein mächtiger Wallfisch aufgetaucht und speit den Jonas an's Land [1]). Der Chor singt:

> Wie Jonas in des Fisches Bauche,
> So ruhet in der Erde Schooß
> Des Menschen Sohn. — Mit einem Hauche
> Reißt er Band und Riegel los.
>
> Triumph! Triumph! Er wird ersteh'n.
> Wie Jonas aus des Fisches Bauch,
> So wird der Sohn des Menschen auch
> Neu lebend aus dem Grabe geh'n.

Das andere Vorbild zeigt den Uebergang der Israeliten durch das rothe Meer. Moses, der mit den Israeliten durch das Meer gekommen ist, steht mit seinem Volke bereits am Ufer, während über Pharao und seine Krieger die Meeresfluthen zusammenrollen und die Aegypter verschlingen [2]). Wie die Israeliten heil und gerettet durch das Meer kamen, so wird auch Christus glorreich durch Tod und Grab als Sieger gehen, während seine Feinde ihren Untergang finden. Diese Beziehung des Bildes deutet der Chor in folgendem Gesange an:

> Groß ist der Herr, groß seine Güte!
> Er nahm sich seines Volkes an.
> Er führte durch der Wogen Mitte
> Einst Israel auf trockner Bahn.
>
> Triumph! der todt war, wird ersteh'n;
> Ihn deckt nicht des Todes Nacht.
> Neu lebend wird aus eigener Macht
> Der Sieger aus dem Grabe geh'n.

2.

Nachdem der Chor sich entfernt und der Vorhang sich ge-

---

1) Jon. 2.
2) II. Mos. 14.

hoben hat, sieht man das einsame, geschlossene und versiegelte
Grab, das von vier Soldaten bewacht wird. Sie sprechen mit
einander über den schrecklichen Vorgang der Kreuzigung; endlich
schlafen sie ein. Da erscheint ein Engel und wälzt den Stein
vom Grabe. Ein Erdbeben mit unterirdischem Donner wird
vernommen. Aus dem Grabe erhebt sich Christus majestätisch
schön, von einem Lichtglanze umflossen. Die Wächter des Grabes
gerathen in Bestürzung, wie geblendet starren sie um sich her;
sie wissen nicht, wie ihnen geschehen und stürzen taumelnd nieder. Endlich erholen sie sich etwas und eilen voll Schrecken davon. Unterdessen ist der Heiland wieder verschwunden. Der
Lichtglanz erfüllt allmählich das ganze Grab; indem er nach-
läßt, sieht man die leere Gruft.

Alsbald kommen mehrere fromme Frauen; sie besuchen das
Grab und tragen Gefäße mit kostbarer Salbe in ihren Händen, um den Leichnam Jesu einzubalsamiren. Beim Eintritt in
den Garten sprechen sie die ängstliche Besorgniß aus, wer ihnen
wohl den Stein vom Grabe wälzen werde. Näher hinzutre-
tend finden sie das Grab offen und leer. Ihre Trauer steigert
sich. Aber ein Engel im weißem Gewande erscheint aus dem
Grabe, verkündet ihnen Christi Auferstehung und sagt ihnen, sie
sollten nach Galiläa gehen, dort würden sie den Auferstandenen
finden. Bald darauf kamen auch die Pharisäer sammt den
Wächtern zum Grabe und lassen sich an Ort und Stelle den
Hergang der Sache beschreiben. Sie bieten Geld, damit die
Wächter die Lüge verbreiten: „während sie geschlafen, seien die
Jünger gekommen und hätten seinen Leichnam hinweggenommen."
Die Wächter weigern sich anfangs dagegen, weil sie wohl ein-
sehen, daß Schlafende kein Zeugniß ablegen können über das,
was während des Schlafes geschehen, noch mehr, weil sie fürch-
ten, sich durch diese Aussage Strafe zuzuziehen. Die Pharisäer
dagegen versprechen, dafür sorgen zu wollen, daß Alles ohne
Strafe abgehe. Einer der Wächter bleibt indessen fest und spricht
entschlossen: „Bei meiner Ehre, ich werde erzählen, wie es her-
gegangen."

Es ist nun die Scene eingeschaltet, in welcher Christus
der Maria Magdalena erscheint. Während Magdalena ihren
Herrn und Meister beklagt und sucht, steht mit einem Male Jesus, den sie aber nicht kennt und für den Gärtner hält, vor
ihr; er fragt: „Frau, warum weinest du? Wen suchest du?"

Sie antwortet: „Herr, haſt du ihn vielleicht hinweggenommen, ſo ſage mir doch, wo du ihn hingelegt haſt, daß ich ihn hole." Jeſus ſpricht ſie „Maria" an; da erkennt ſie ihn, fällt voll Ehr= furcht vor ihm nieder und ſpricht: „Rabbuni." Darauf ſpricht Jeſus zu ihr: „Rühre mich nicht an; denn ich bin noch nicht aufgefahren zu meinem Vater; gehe aber hin zu meinen Brü= dern und ſage ihnen: Ich fahre auf zu meinem Vater und zu eurem Vater, zu meinem Gott und zu eurem Gott." Chriſtus verſchwindet. Magdalena eilt fort, um den Jüngern den Vor= gang zu hinterbringen. —

Durch Chriſti Auferſtehung iſt die Macht der Hölle gebro= chen, das Licht iſt aus dem Grabe geſtiegen und kann nimmer= mehr verſchloſſen werden; das Evangelium ſiegt. In dieſem Siegesbewußtſein tritt der Chor nochmals auf und läßt folgen= den Freudengeſang erſchallen:

Hallelujah!
Ueberwunden, überwunden
Hat der Held der Feinde Macht.
Er, er ſchlummerte nur Stunden
In der düſtern Grabesnacht.
Singet ihm in heil'gen Pſalmen!
Streuet ihm die Siegespalmen!
Auferſtanden iſt der Herr!
Jauchzet ihm, ihr Himmel, zu!
Sing' dem Sieger, Erde, du!
Halleluja dir Erſtandener!

Achtzehnte Vorſtellung.

Endlich folgt eine glanzvolle Vorſtellung, welche den Triumph Jeſu über Sünde, Tod und Hölle, die Stiftung des neuen Bundes und den Sieg des Chriſtenthums über Heiden= und Ju= denthum darſtellt. Der Vorhang hebt ſich zum letzten Male. Der ganze Raum der Bühne iſt angefüllt mit ſiegesfreudigen Volks= ſchaaren, die Chriſtgläubigen vorſtellend; in ihren Händen tra= gen ſie Siegespalmen, die ſie dem Erlöſer entgegenhalten. Chri= ſtus, verklärt in ſeiner Glorie, mit leuchtenden Wundmalen, ſteht hoch über ſie emporragend in ihrer Mitte. Zu ihren Füßen am dunklen Boden platt niedergeſtreckt und mit an die Erde ge= drücktem Geſichte liegen Heidenthum und Judenthum, die Prie=

ster und Tempelkrämer, Pilatus und die Kriegsknechte und Alle, die an der Kreuzigung sich betheiligt hatten. Sie sind besiegt und von dem Strahle des Lichtes, das von Christus aus= geht, niedergeschmettert. Die Idee des Bildes ist vortrefflich, das Bild selbst sehr gut ausgeführt. Während diese meisterhafte Vorstellung gezeigt wird, machen die Chöre voll hinreißender Begeisterung den Schluß mit folgendem Freuden=, Lob=, Dank= und Triumphgesang:

Preis Ihm, dem Todesüberwinder,
Der einst verdammt auf Gabbatha!
Preis Ihm, dem Heiligen der Sünder,
Der für uns starb auf Golgatha!
　Bringt Lob und Preis dem Höchsten dar,
　Dem Lamme, das getödtet war!
　　Halleluja!
　Das siegreich aus dem Grab hervor
　Sich hebet im Triumph empor!
　　Halleluja! Halleluja!

Ja, laßt des Bundes Harfe klingen,
Daß Freude durch die Seele bebt!
Laßt uns dem Sieger Kronen bringen,
Der auferstand und ewig lebt.
　Bringt Lob und Preis ꝛc. (wie oben).

Lobsinget alle Himmelsheere!
Dem Herrn sei Ruhm und Herrlichkeit!
Anbetung, Macht und Kraft und Ehre
Von Ewigkeit zu Ewigkeit!
　Bringt Lob und Preis ꝛc. (wie oben).

Schlußwort.

Blicken wir nochmals auf das Passionsspiel zurück, so ist der Totaleindruck ein durchaus guter und großartiger, sowohl was die Anlage der Vorstellungen angeht, als auch die Leistungen des Personals, die Scenerie und Costüme und die Haltung des Publikums. Religiös und von der Gemüthsseite aus betrachtet, kann kaum der leiseste Tadel stattfinden; kritisch betrachtet ist das Passionsspiel ein abgerundetes Ganze, dessen etwaige Mängel durch die edle Tendenz und durch den Volkscharakter dieses Ge= birgslandes leicht sich entschuldigen lassen. — Alles, was man

sieht, ist großartig, gediegen und zum innersten Gemüthe drin=
gend. Der Eindruck bleibt unauslöschlich.

Wir schließen mit dem Wunsche Devrient's [1]): Möge die
Ammergauer Dorfgemeinde diese kostbare Reliquie des alten
Deutschlands mit frommem, einträchtigem und bescheidenem Sinn
bewahren; möge sie dieselbe hüten mit der Kraft des Gemein=
geistes, wie sie seither gethan, damit, so oft der heilige Schrein
den Beschauern wieder geöffnet wird, der schöne Ueberrest in
seiner kindlichen Frische und einfältigen Herrlichkeit wieder her=
vorleuchte und an die ungenutzten Schätze des deutschen Volks=
geistes, an den verkannten hohen Beruf der Schauspielkunst
mahnen möge! —

---

1) A. a. O. S. 43.

Druck von Junge u. Sohn in Erlangen.